展现内在涵养　拥有美丽生活

礼仪指导丛书

馈赠礼仪

本书编写组◎编

世界图书出版公司

广州·北京·上海·西安

图书在版编目（CIP）数据

馈赠礼仪／《馈赠礼仪》编写组编 . —广州 : 广东世界图书出版公司，2010. 10 （2024.2 重印）

ISBN 978 - 7 - 5100 - 2865 - 6

Ⅰ . ①馈… Ⅱ . ①馈… Ⅲ . ①礼仪 - 青少年读物 Ⅳ . ①K891. 26 - 49

中国版本图书馆 CIP 数据核字（2010）第 196613 号

书　　名	馈赠礼仪 KUIZENG LIYI	
编　　者	《馈赠礼仪》编写组	
责任编辑	张梦婕	
装帧设计	三棵树设计工作组	
出版发行	世界图书出版有限公司　世界图书出版广东有限公司	
地　　址	广州市海珠区新港西路大江冲 25 号	
邮　　编	510300	
电　　话	020-84452179	
网　　址	http://www.gdst.com.cn	
邮　　箱	wpc_gdst@163.com	
经　　销	新华书店	
印　　刷	唐山富达印务有限公司	
开　　本	787mm×1092mm　1/16	
印　　张	10	
字　　数	120 千字	
版　　次	2010 年 10 月第 1 版　2024 年 2 月第 11 次印刷	
国际书号	ISBN　978-7-5100-2865-6	
定　　价	48.00 元	

前　言

　　中华民族是具有悠久历史的文明古国，几千年来创造了灿烂的文化，形成了高尚的道德准则、完整的礼仪规范，被称为"礼仪之邦"。

　　在中国古代，"礼"和"仪"是两个不同的概念。"礼"是制度、规则和一种社会意识观念；"仪"是"礼"的具体表现形式，它是依据"礼"的规定形成的一套系统而完整的程序。

　　礼仪的内容十分广泛，几乎涵盖整个人生，涉及社会的每一个角落、每一块领域。而在青少年人生礼仪中，有一种十分重要的礼仪——馈赠礼仪。

　　相互馈赠礼物，是人类社会生活中不可缺少的交往内容。中国人一向崇尚礼尚往来。《礼记·曲礼上》说："礼尚往来，往而不来，非礼也，来而不往，亦非礼也。"

　　馈赠，通俗地说就是送礼。送礼是普遍存在的社会现象，它存在于人类社会的各个时期、各个地区。一件理想的礼品对赠送者和接受者来说，都能表达出某种特殊的愿望，传递出某种特殊的信息。礼品是一个宣言，宣告了你与接受者的关系。

　　送礼，传统意义上都是送些实物的东西，多投其所好，不管你送礼的目的是什么，总是要送一些对方喜欢的东西，但在送礼的过程中要注重表达礼轻情意重的内涵。随着社会的发展，所送的礼品也逐渐发生改变，送教育、送健康等等新的礼品不断涌现，充分体现了现在社会需求的多样性。

　　人人都赠送和接受礼品，不管送礼是否自愿，每件礼品都须经挑选后方能呈送出去。因礼品是你人品的延伸，对方从中能衡量出你的品位，甚至包括你的智慧和才干。送什么，如何送都会给人留下重要的、持久的印象。

不管我们承认与否，礼品对双方都有意义，它在我们的生活中扮演着重要角色。我们对礼品的渴求也就是对赞同、友谊、理解和爱情等的渴求。我们赠送与接受礼品的行为牵涉生活的许多方面。通过礼品我们可以激励他人、教育他人，可以显示情趣和修养、表达友善和爱心，也可以扩大个人的影响。

总之，送礼已成了我们每一个人为人处世、融入社会所不可缺少的社交形式。在人际交往中，以物质的方式表达感情是难免的也是必要的。当然，送的礼物也可以是无形之物，比如教人一种技术、赠良言警语，因此才有"赠人鱼，不如赠人以渔"、"赠人千金不如赠人美言"之说。

我们组织编写这本书，就是为了帮助青少年朋友学会馈赠礼仪，送好礼，送对礼，送出自己的特色，以培养良好的人缘，创造美好的人生。

目 录

馈赠的知识

馈赠的起源简述

人们相互馈赠礼物，是人类社会生活中不可缺少的交往内容。中国人一向崇尚礼尚往来。《礼记·曲礼上》说："礼尚往来，往而不来，非礼也，来而不往，亦非礼也。"礼起源于远古时期的祭祀活动。在祭祀时，人们除了用规范的动作、虔诚的态度向神表示崇敬和敬畏外，还要将自己最有价值、最能体现对神灵敬意的物品奉献给神灵。也许从那时起，在礼的含义中，就开始有了物质的成分和表现了，即礼物。

也有人说，礼物最初起源于古代战争中。在古代的部落兼并中产生了所谓的"纳贡"，即被征服者定期向征服者送去食物、奴隶等，以表示对征服者的服从和乞求庇护。早在春秋时期就发生过因为送礼而引起的战争。当时楚国没有按时向周天子送一车茅草，于是中原各国联盟大举伐楚。

还有人认为，"礼"最初就是一种商业性质的物品往来，原始的"礼尚往来"，实质上就是以礼品的赠与酬报的方式进行的产品交换。

我们暂且不论这些考据是否正确可信，但有一点却是肯定的，即在礼的内涵中，除了有表示尊敬的态度、言语、动作、仪式外，还有一个重要的含义，就是礼物。从礼以物的形式出现的那时起，物就从礼的精神内核中蜕化出来，而成为人与人之间有"礼"的外在表现形式。随着社会生活的进化和演变，物能寄情达意表礼的观念被广大人民所接受和认同，从而使馈赠在内容和形式上，逐渐融会在五彩缤纷的社会交往中，并成为人们联络和沟通感情的最主要方式之一。

在现代人际交往中，礼物仍然是人们往来的有效媒介之一，它像桥梁和纽带一样直接明显地传递着情感和信息，深沉地寄托着人们的情意，无言地表达着人与人之间的真诚关爱，长久地保留着人间的温暖。

漫谈千里送鹅毛

在我国，历来讲究礼尚往来。送礼是向亲戚朋友表示敬意与爱意的表现，根据华人尊老敬贤的传统，幼辈应送礼物给年长者。比如女婿在春节前一周送礼给岳父岳母，为了表示吉利，礼品都是双数的，在传统礼节上，受礼人都要回礼，以表示谢意。这种互赠礼物的习俗，也体现了我国人民自古礼尚往来的处事态度。

历史上还有好多关于送礼的典故，最著名的莫过于"千里送鹅毛"的故事了。

千里送鹅毛这故事，原是说一个叫缅伯高的边远地区使臣，背了只天鹅去长安进贡。路上鹅毛弄脏了，他就在沔阳湖边打开笼子，让天鹅下湖洗洗羽毛，不料天鹅展翅飞去，缅伯高遂倒在湖边大哭一场，后来急中生智，捡了根羽毛去长安进贡，居然受到唐皇嘉奖，传为佳话。而现代人为体现自己的真诚，更是喜欢用"千里送鹅毛"来替自己的薄礼粉刷一番。

古人送礼，历来讲究情谊，讲究诚意，讲究心意。比如李白以诗《赠汪伦》赠予好友汪伦，更是将送礼情谊、诚意、心意表现得淋漓尽致。照中国的习俗，每逢佳节，亲朋好友相互之间都会拜拜年，赠送些礼品。朋友之间的礼尚往来，关键在于，怎样才能送出自己的新意，让受礼者既受之自然，又颇感欣慰呢？

亲朋好友之间的礼尚往来，不图别的，应该就是祝福，交流感情，相互走动。可现在的送礼越来越没有新意，很多人深感无奈：辛辛苦苦出去逛，手里攥着钱却买不着好东西，实在是发愁。

我们现在不可能再像古人那么浪漫，给亲朋好友送鹅毛；也不能像大文豪李白那样写一首至情至性的诗赠予友人，那现在送什么才好呢？

中国人什么事都讲个人情味儿，这走亲访友串门子，礼数不能少的。而这礼，学问可大了，人情味儿可全在这里头呢！首先要送礼感激的就是父母、长辈，我们的成长离不开家庭的温暖和亲人、朋友的关心，而在父母和家人眼中，无论你多大，永远都是孩子。送给家人一点心意吧，只是一点点，就是一份孝心、一份血浓于水的亲情。

随着社会的发展，送礼所送的礼品也逐渐发生改变，送教育、送健康等等新的礼品不断涌现，充分体现了现在社会需求的多样性。在送礼的形式上也有很大的改变，礼品卡被普遍使用，礼品卡弥补了一些传统送礼的弊端，比如所送非所需、比如直接送钱的尴尬，礼品卡让被送礼者有充分的空间自由选择，自由消费。现在，还可以送独具匠心的健康营养产品，这样可以表达你的特别的心意。

我们送礼品送的不仅仅是礼品，还可以通过礼品显示我们的知识和修养，表达友善和爱心，也可以扩大个人的影响。

现在，送礼已成了我们每一个人为人处世、融入社会所不缺少的社交形式，送礼的变迁伴随着的是人们生活水准的变迁，也伴随着人们思想意识的转变。

准备礼物要注意

礼物一般都需要提前准备，临时去找的礼品，凑合着送出去了人家不喜欢，达不到理想的效果，钱花了还不讨好，自然很是不值。在准备礼物的阶段要注意这样几个问题：

一、是否与礼物有缘分

为了挑选称心如意的礼物，一般人都会特意外出选购，但是有时很难找到合适的礼物。遇到这种情况，不要随便用其他物品来代替。在找不到合适的礼物时，不妨先不要送。珍视与礼物之间的缘分，往往在那个最恰当的时候"遇见"的礼物，恰好正是对方所需要的，所以有时等待最好的时机是非常重要的。

二、送礼的时机是否恰当

试想一下一份迟到了一天的教师节礼物或生日礼物，不管多么珍贵，如果送礼时机不对，也会大大削弱其可能带来的感动。所以，赠送礼物时注意不要忽视时机。另外，当天内的送礼时间也很重要。

三、选择的礼物是否高品质

选择礼物时，注意要选择高品质的物品。在二选一的时候一定要选择质量最好的那一个。在众多的被选物品中，应该选择当时最突出、最吸引人的那一个。如果是能够永久保存的物品，就更要选择质量好的那个，便于对方长久保存。除了不能有划痕和污垢等最基本的要求外，还需要在平时培养自己的鉴赏眼光。

四、是否在自己的预算之内

在送礼之初要大概先有个预算标准，赠送过于贵重的礼物对接受礼物的一方来说也会成为负担。相反，过于便宜的礼物，根据不同的时间和场合，也需要慎重考虑是否合适。事先做好预算，然后在预算范围内寻找合适的礼物。另外，作为赠送礼物的一个基本礼节，不应该向对方透露礼物的价格。

五、礼物的数量是否合适

决定礼物好坏的关键不是数量而是品质。有时候仅仅一句问候，就能让对方倍感温馨，而一大束鲜花就好像在向对方倾诉内心的感受一样。对同一个人多次赠礼物，可能会让对方感到负担，但也有的人认为每次见面都能收到礼物是最大的快乐。在赠送礼物的时候，一定要考虑数量是否会成为对方的负担，要根据不同的人选择合适的数量。

六、选择什么价格的礼物

受到别人的照顾或恩惠时，为了表达谢意而送礼。然而，送礼却给许多人造成不少的困扰。

有位朋友非常喜欢帮助别人，但却对那些受惠者送来的礼品深感尴尬，因为许多家庭并不富裕的人，却送来非常昂贵的礼品，自己只是举手之劳，常觉得受之有愧，他常常叹息地说："其实可以不用勉强送如此大礼。"说穿了，那些人只不过是想"打肿脸充胖子"而已。

七、是否能体会到赠送礼物的快乐

寻找礼物、挑选礼物、包装礼物、赠送礼物……直到把礼物交到对方手中为止，整个过程都充满了乐趣，你是否能从每个阶段体会到其中的乐趣？由各个快乐的阶段所组成的礼物，充满幸福的氛围，一定会温暖对方的心。

礼物，不必拘泥于形式，也可以是音乐会门票、电影票或聚餐等无形的方式。作为一种经历，一定会在接受礼物的人的记忆中留下不可磨灭的印象。有时可以敏感地抓住对方的所需，送给他一份无形的、永远保存在回忆里的礼物。

八、是否期待对方回赠礼物

赠送礼物的时候，是否期待着对方的回赠？满怀给予的快乐赠送礼物时，对方一定可以感受到你的心意，这已经是很好的回赠了。如果同时再收到对方的回礼，那种喜悦会成倍增长。

选择礼品的原则

挑选礼品需要智慧，对大多数人来说，精心挑选的礼品可以在事业和个人关系方面有所帮助。令人遗憾的是，由于不懂送礼的艺术，每天都有人将大量的时间、金钱和精力浪费在毫无创新、不受人欢迎的礼品上。

真正会送礼的人，不会简单地用礼品去取悦别人，讨好别人，而会把送礼作为一种艺术，去选择精致的礼品以获得他人的承认与赞赏，花最少的钱取得最好的效果。

一、富有意义

常言说，送礼要送到心坎上。礼物是感情的传递物，我们在选择礼品时，应根据自己的情感和心理来挑选礼物，也就是说要千方百计将自己的情感和心理通过特定的礼品表现出来，让对方在接受礼品时，能感受到你的一片深情厚谊，即以物见情，以情感人。只有做到这点，才能使你的送礼行为高尚、文雅、亲切、友好。实际上，最好的礼品是那些根据对方兴趣爱好选择的、富有意义或耐人寻味的小礼品。

比如，为生病住院的朋友送去一束美丽的鲜花，定会使他心情愉快，增强战胜疾病的信心；为远方同学送去一帧昔日同窗好友相聚的照片，会唤起他对学生时代的美好回忆；为爱好文学的朋友送去一套他现在手头还没有的文学名著，会使他欣喜若狂，爱不释手。

所以，就礼物的质量而言，它的价值不一定以值多少钱来衡量，而是由礼物本身的意义来体现的。礼品的本质价值在于寄寓和传输思想、感情、友谊，而不在于其使用价值。因此，在选择、定制礼品时，要着重考虑它的深刻内涵。如在选择礼品时，从思想性、艺术性、趣味性、纪念性等方面下点工夫，做到别出心裁，不落俗套，效果肯定是会好的。

二、因人而异

送礼要看对象。不同层次的人，其生活需要是有差别、有距离的。

一般来说，对于文化层次较高的追求精神享受的人，宜选择精美高雅的礼品，如名人字画、工艺美术精品及各种高档文化用品等；对于文化层次较低、偏重追求物质享受的人，宜选择一些比较新颖别致、精美时髦的日用消费品作为礼物，其中应以吃的、穿的、玩的为主；对于一些生活比较困难，除了生存以外很少有其他享受要求的人，就不必去买那些他的生活中根本用不着的东西，他最缺什么就给他送什么，有的送些钱，效果也很好。

三、轻重得当

送礼应该视双方的关系、身份、送礼的目的和场合，加以适当掌握，不可太菲薄，也不可太厚重，礼物太轻则意义不大，很容易让人误解为瞧不起他，尤其是关系不很亲密的人，这样送礼，不如不送。但是，礼物过重，又会使接受礼物的人很难接受，对其他的人，除了爱占便宜的人以外，就会感到承受不起，将来还礼也还不起，很可能会婉言谢绝。若对方拒绝接受，你又已花钱买了，留之又无用，徒生许多烦恼。

因此，礼物的轻重以对方能够愉快接受为尺度，如何轻重适度，则要根据自己的情况、对方的情况、你们之间关系的程度，以及为何事而送等来掂量。

四、投其所好

人有七情六欲，七情是：喜、怒、哀、乐、爱、恶、欲；六欲是：色、声、香、味、触、法，这是人情人性的基础，是我们选择礼品所必须考虑的首要问题。他人喜什么，乐什么，爱什么，想什么，我们就给什么，就像"及时雨"宋江一样，在他人"饥渴"之时"济人贫苦，周人之急，扶人之困"，最终赢得了极好的人缘。

五、巧妙搭配

许多礼品在单送的时候未免显得单调；当它与某一附件配套后却别具一格。尤其是当你挑选了一件实用的或是在某一场合对方预料会收到的附属礼品时，你的礼品会显得卓尔不凡。可以说，具有创造力的配套手法在许多场合非常重要。

对于一个即将毕业的学生，可送一只普通的公文包，再配上一本《毕业留言卡》；对于纪念结婚周年的夫妇，你可以送两人野餐用的食品篮，再配以一瓶葡萄酒；对于乐于做东的人，你可以送他考究的托盘，再配以镶边的餐巾；对刚退休的人，你可以送一只帆布躺椅，再配以一份娱乐或旅游杂志的订单；对于一位祖父母，你可以送去一只皮夹，内装一些家庭成员的照片；对于一位厨师，你可以送去装帧精致的烹调书，配以一条围裙；对于双职工家庭，你可以送去一件可以节省时间的家庭用具和有关如何安排时间的书；对于旅居国外或外地的人，你可以送一录音机，再配以录有家人或朋友声音的磁带。

六、雪中送炭

人在困难时少量的资助就会令其格外感激。有位目前很活跃的油画家，曾透露他在年轻时代过了一段非常困苦的生活，经常三餐不继。有一次，他把一幅连自己都没信心的画拿到画商那儿，画商看了半天，付给他一笔当时他认为很多的钱。

就画家来说，画商并非买了这幅画，而是给了他前途。此后他终于成功地熬出了头。

那笔金额是否很高呢？其实不见得，但直到今日，那位画家对这笔款项一定还觉得非常庞大。人在困厄消沉中，有人向他伸出的援助之手，可以使人产生长久的感恩之情。对画家来说，画商的钱的确成就了他的前途，因此，这位现在已成名的画家若有满意的作品，一定会交给那位画商，并且以普通价钱成交。

人对金钱的标准，往往因状况不同而有很大的差异，因此，"雪中送炭"远比"锦上添花"有意义。

日本首相田中角荣在担任自民党干事长时，一直忙着主持自民党选举事务，然而，他却不忘记派人将慰问金送到落选的议员家中，并且勉励他们不要气馁，下次重新再来。

对落选的议员来说，田中角荣的勉励已经使他们深受感动，而送慰问金，更加深了他们的感激之情。在此之后，拥戴田中的人越来越多，竟形成了一个"田中派"。

如果田中在此时将相同的金额或礼品送至当选的议员家中，情况就不同了，那些礼品、礼金成了锦上添花，一点也不特殊，更不能取得效果。只有在别人困顿中伸出援手，才能得到真正的友谊。田中角荣毕竟是真正吃过苦头的人，所以能了解人的微妙心理。

在别人的生日上或获奖宴会上大肆破费，不如在别人病痛或朋友有难时，伸出援手。

因此，要寻找并瞅准别人"饥渴"的时机，雪中送炭，及时给予，如此一来，就莫愁前路无知己了。

七、独具特色

造型奇巧、做工精致、晶莹剔透的欧洲玻璃器皿，精美华贵的中国刺绣、丝绸、瓷器和景泰蓝，各国具有民族特色的手工工艺品，描写各国风情的绘画作品等，都常常被人们选来作为珍贵的礼物互相赠送。日本天皇访华时，专请日本画坛巨匠平山郁夫作了一幅象征中日友好的画，画的是位于中日贸易航路的终点——奈良的"法隆寺"，以此送给中国。

总而言之，对家贫者，以实惠为佳；对富裕者，以精巧为佳；对恋人、爱人、情人，以纪念性为佳；对朋友，以趣味性为佳；对老人，以实用为佳；对孩子，以启智新颖为佳；对外宾，以特色为佳。

八、善于给予

给予他人，要慷慨地给予。然而，给予并非仅指钱财实物。只要能善于给予，那么慷慨给予人的东西就太多了：为别人牺牲时间，也是一种给予；为别人的幸运和成功而庆幸，也是一种给予；能从别人的观点看事物，尊重别人的意见和特色，也是一种给予；圆通——避免鲁莽的言行，耐心——倾听别人的倾诉，同情——分担别人的悲痛等，都是一种给予。

对于在校学生，我们的钱都是父母给的，是没有多少资财供我们挥霍"慷慨"的。所以，慷慨给予，要根据自己各方面条件的情况是否许可，根据自己的承受能力。不能为了慷慨而"打肿脸充胖子"，以为越多越高档就越是对朋友全心全意，导致身负"头顶锅盖卖"的重荷。

这是一个矛盾，但总是有解决办法的。如果现在你还冲不破"给不起"的空壳的话，下面几个事例也许能给你一点启示：

某年，美国纽约流行性感冒非常严重。医生和护士都应接不暇。纽约市某俱乐部的若干会员决定助一臂之力。他们都是上了年纪的富人，如果捐出一大笔钱来，实在易如反掌。但是，他们没有那样做，却穿上白制服，为医院刷地，替病人洗澡，侍候病人，安慰垂危的病人和死者的家属。疲劳和被传染的危险都不能挫伤他们的热情与热心。他们给予的不是钱，而是献出自己。

小杨家的房子在2008年的汶川大地震中完全被震毁。"重建家园"的时候，同厂的几个"穷哥们儿"说："咱们拿不起贺礼钱，可是拿得出力气。正好，这次我们轮休，就到你家打打小工、干干零活吧。无须招待，保证茶水供应！"嘿，小杨正为人手短缺而发愁心焦。"穷哥们儿"到了他家，不仅为施工增添了欢乐轻松的气氛，而且卖力气劲儿够绝的：汗流浃背不说，重活、脏活抢着干，头发、脸上、鼻孔、耳朵及全身尽是泥灰，简直成猴儿了！小杨内心受到强烈的震撼。新房落成那天，首先举杯向"穷哥们儿"连连道谢，可真是"激动得说不出话来"了。这几个"穷哥们儿",不仅给予了时间,而且给予了可贵的忠诚和力量。

是的,只要我们肯给予,肯动脑筋,可以给予各种各样的东西。

送礼的基本原则

凡事都有原则,太过与不及都不好,送礼也不例外,更得注意送礼的原则。把握好原则,就不至于有失分寸,触犯禁忌,引起别人的误会。

一、恰如其分原则

过轻或过重的礼物,都不能令受礼人高兴又安心地收下。一般而言,礼物的轻重选择以对方能够愉快地接受为原则。

有时礼物太轻了意义不大,亲朋好友有可能误以为你小气或瞧不起他。有时礼物也忌太贵重,除非对方是爱占便宜的人,一般人可能会婉言谢绝。因为这样重的人情,收礼人日后不好还礼。还轻了,怕你不高兴;照着你送的价值还,有可能会加大他的支出负担。本来你的礼物是为了促进双方的感情交流,反而给对方增添了不少烦恼。礼物轻重在送礼前要拿捏准,做到恰如其分。

二、间隔适宜原则

送礼是一项感情投资,不是一次性完成的,往往是系列的。因此,送礼的时间间隔很有讲究,过于频繁或间隔过长都不合适。长时间不给对方送礼,即使是亲朋好友,也难免会觉得你人情淡漠。一方面,如果你频频登门送礼,或许是因为你重情义;另一方面,礼尚往来,人家要还礼的话,过于频繁会加重他的经济负担。如果你登门过于频繁,不妨先电话问候,或用一种不出面的方式,比如网上购物,将小礼品直接送到他家,省力又时尚。总之,掌握好合适的时间送上你的礼品,既可培养感情,又能达到目的。

三、风俗禁忌原则

送礼前要对受礼人的身份、爱好、禁忌等有所了解,以免礼不得当,使双方感到尴尬。例如,给病人送花有很多禁忌,最好不要送盆栽以及浓香的花。送盆栽,在有人看来,可能意味着"根留医院",以免病人误会为久病成根。也不要送有花粉及有浓厚香味的花,像风信子、玫瑰、百合等都有颇浓的香味,不太适合送给病人。香味很浓的花对病人不利,易引起咳嗽;颜色太浓艳的花,会刺激病人的神经，激发烦躁情绪。如果病人喜欢有香气的花，可以送他兰花、郁金香等有淡淡香气的花。像百合花，要小心剪除花蕊，以免花粉散落，引起病人过敏或其他不良反应。山茶花容易落蕾，被认为不吉利。看望病人宜选送香石竹、月季花、水仙花、兰花等，配以文竹、满天星或石松，以祝愿病人早日康复。

此外，要尊重对方的民族习惯。

送礼时，请考虑周全，以免节外生枝。

四、注重意义原则

就礼物本身而言，其价值不是以金钱的多少来衡量的，而在于它所体现的意义。任何礼物都体现着送礼者的特有心意，或酬谢、或敬贺、或尊重、或爱恋等等。所以，根据你想表达的心意选择你的礼品，会让对方充分体会到你的情义，倍感珍惜。比如，给朋友送一幅他喜爱的字画，会让他对你另眼相看；给母亲买一件暖和的羊毛衫，她会夸你孝顺；给心上人送一串别致的手链，她会认为你有品位……这样符合对方兴趣爱好的礼品，更能打动对方的心。

因此，选择礼物时要考虑它的意义，力求别出心裁，不落俗套。

五、尊重受礼人原则

所送的礼品是双向的，不能只以送礼者的意志为转移，也不能以自己的喜好而嫌弃对方所送的礼品。只要双方能将心比心，多为对方想一想，就不会犯太大的错误了。

选择你自己也希望接受的礼品。如果你送的礼品连自己都不喜欢，人家怎么会喜欢呢？从收礼的一方考虑，不要把收到的过时礼品再转送给别人，或索性丢弃它，因为送礼的人通常都会留意你有没有使用他所送的礼品。

如果你比较富有，送礼给一般的朋友也不宜出手太过于阔绰，以免使对方无所适从，有时会引起不必要的尴尬，得到相反效果。而送一些富有心思的礼品也许会取得更好的效果。

若是买来的礼品，送礼时要记得把礼品上的价格标签拿掉。把标签留在礼品上，礼品就变成只能传递两个信息：一个是"我们的情谊值多少钱"；另一个是"看着吧！下次得给我回送同样价格的礼品"。而这些信息可以把所有送礼的情分都打得稀里哗啦！此外，不论礼品本身价值如何，最好还是要用包装纸包装起来。有时注意这细微的地方更能显示出送礼者的心意。

此外，还要考虑到接受礼品的人在日常生活中能否应用得上你选的礼品。比如，朋友乔迁之喜，你准备送他一幅大大的装饰画，首先应考虑：他家里摆得下这么大幅的画吗？

送礼目的要明确

任何馈赠都是有目的的，或为交结友谊，或为祝颂庆贺，或为酬宾谢客，或为其他。

一、以交际为目的

这是一种为达到交际目的而进行的馈赠，有两个特点：

一是送礼的目的与交际目的的直接一致。无论是个人还是组织机构，在社交中为达到一定目的，针对交往中的关键人物和部门，通过赠送一定礼品，以促使交际目的达到。

二是礼品的内容与送礼者的形象一致。礼品的选择，一个非常重要的原则就是要使礼品能反映送礼者的寓意和思想感情的倾向，并使寓意和思想倾向与送礼者的形象有机地结合起来。

二、以巩固人际关系为目的

这类馈赠，即为人们常说的"人情礼"。在人际交往过程中，无论是个人间的抑或是组织机构间的，必然产生各类关系和各种感情。人与生俱来的社会性，又要求人们必须重视这些关系和感情，因而，围绕着如何巩固和维系人际关系和感情，人们采取了许多办法，其中之一就是馈赠。这类馈赠，强调礼尚往来，以"来而不往非礼也"为基本行为准则。因此，这类馈赠，无论从礼品的种类、价值的轻重、档次的高低、包装的精美、蕴含的情义等等方面都呈现多样性和复杂性。这在交际中具有重要的特殊作用。

三、以酬谢为目的

这类馈赠是为答谢他人的帮助而进行的。因此在礼品的选择上十分强调其物质价值。礼品的贵贱厚薄，首先取决于他人帮助的性质。帮助的性质分为物质的和精神的两类。一般说来，物质的帮助往往是有形的，能估量的。而精神的帮助则是无形的，难以估量的，然而其作用又是相当大的；其次取决于帮助的目的。是慷慨无私的，还是另有所图的，还是公私兼顾的。只有那种真正无私的帮助，才是值得真心酬谢的；再次取决于帮助的时机，一般情况下，危难之中见真情。因此，得到帮助的时机是日后酬谢他人的最重要的衡量标准。

光明磊落表心意

送礼和收礼本质上应是一种沟通感情的美好方式，然而礼物又很容易成为贿赂和受贿的代名词。世风如此，似乎干什么事都是"非礼勿动"，没有礼品开路，你面前的永远是"红灯"。

我们都知道，送礼的目的在于带给别人一份快乐与欣喜，用一种有限的物质形态去表示出自己对对方一种无限的诚心诚意。

我们不妨先分析一下送礼者的送礼时的种种心态，看看送礼者的心态是否有违送礼——这一礼节本义的。

有人认为，送礼是种负担。

你送过来，我还回去，不是出于真心，而是迫不得已，只不过是为了避免来而不往而被人讥笑，要送礼了，临时买一件随便的礼物，也甭管受礼者是喜欢还是不喜欢，往受贺者家里一放，万事大吉。

更有甚者，将买礼物这件事全托给一个不知道将礼物送给谁的人去办。

的确，送礼有时会成为一种负担，可那也是指礼物过重，超出自己经济承受的能力和送礼次数太多、太集中而言的。

真正代表送礼者真心诚意又让受礼者坦然收下并心存感谢的礼物，并不在于它的价格昂贵与否。而在于礼物本身所蕴含的那份可心与可爱。

要做到这一点，就要求你对受礼者有了比较清楚的了解，比如对方的喜好、性格，以及他的家庭环境，平时还得做个有心人，留意合适的礼物，免得礼到送时选择难。

一件合适的礼物，表现了送礼者对对方的了解，也反映了你——送礼人的品位及个性，大方或吝啬，实实在在或虚荣之至，高雅或俗气。

有一种送礼者出手大方，颇有一掷千金的"潇洒"与"豪迈"。其实，他只希望自己的礼物带给对方一个信息：我很"富有"，在亲友面前炫耀一番，似乎这样便高人一等，出人头地了。

还有一种人，送礼时就考虑：对方是不是会还礼。"我送了一套有声图书给他，他还不给我送套别的什么东西？"以此考虑对方是不是值得一送。

另外有的人还要看看受礼人是不是对自己"有用"，他们的礼物只能送给投桃报李的人，而不能考虑自己的礼物是否能给受礼者带去温暖与欢乐。

人与人的交往，注重的应是一个"情"字。送礼，既不是对他人的施舍，也不是资助，因此，也就不应该

KUIZENG LIYI

将礼物放到金钱的秤磅上去称量一下它的价值。

送礼是一件发自内心的极为愉快的交流感情的活动，是亲切的赠与。

送礼细节要注意

一、明确赠礼的性质

明确赠礼的性质是最要紧的。是为生日、升学而赠礼还是为初次见面、欢送毕业而赠礼，或是为逢年过节而赠礼，在选购和送出之前都必须做到心中有数。

二、了解赠礼的对象

同样一份礼品，不同的受礼者会有不同的反应。赠送女孩子一份逗趣的玩物，她会爱不释手，而赠给一个性格内向的长者，他一定会嗤之以鼻，不予理会。赠礼必须符合受礼者的身份、性格、爱好和习惯，才是适当的礼物。

三、掌握赠礼的时间

对方生日时，送上一份礼品以示道贺，他一定会牢牢记住你；对方升学或获得某种荣誉之后，送上一份礼品以示祝贺，他一定会由衷地感激；逢年过节之前，送上一份礼品以示祝愿，他一定会发自内心地喜悦。这些都是适时的效应。

四、选择赠礼的场合

在礼仪场合，宜送大方、体面、高雅的礼品，书籍、纪念徽章、花束等便是上乘的选择；而在小范围或个别场景下，赠送吃用等学习、生活用品也会受到欢迎。

五、注重礼品的价值

一份名贵的礼品，并不就是好礼品，一份价钱低廉的礼品，也不一定就不成敬意。随着社会文明程度的提高，人们对礼品的选择更注重于它的社会意义、思想意义、情感意义和纪念意义。

逢年过节，往往一纸贺卡就是赠礼的佳品。但在选购和赠送贺卡时，必须仔细地读一读卡片上印的句子；用中英文两种文字印制的，尤其要了解其准确意义后才能使用，否则用错对象会被对方引为笑柄。另外，不论贺卡上是否印了赠送者的姓名，都应该亲笔写上几句问候的话。一张只有铅字的、冷冷的贺卡，会使对方觉得不送给他反而会更好过些。

同时，鲜花也是一种馈赠佳品，鲜花的赠送则更有讲究。在历史的发展过程中，人们赋予了花以各种各样的象征意义，并且这种象征意义已为大众所公认，送上一束鲜花，就等于表达了相应的语言。因此，若以鲜花为礼品赠送时，应该首先了解这束花的象征意义，及这种象征意义是否符合你想表达的意思，是否符合对方的特点和场景，否则不仅不会给对方带来欢乐，反而弄巧成拙。

当选购了一件称心的礼品以后，还有一道手续不能忘记，就是要在礼品送出之前再做一番最后的处理，使礼品更出色一些，让对方能一眼就感受到其中包含着赠送者多少的精心和诚意。礼品上如有价格标签的，必须事先拿掉，然后可选择对方喜爱的包装纸，再选一条缎带或其他材料作最后的包装点缀。假如事先知道赠礼者很多，不妨在礼品上再附上一张小小的签名片，这样做既显示赠礼者的诚意，也使受礼者不至搞不清到底是谁送的礼。

六、注意赠礼的礼仪

送礼一般在刚见面或临分手时比较适宜。送礼时，应落落大方，双手托捧礼品，边送上边说上几句问候的话。那种偷偷摸摸将礼品放在某个角落里的做法是很不礼貌的。有必要时，还应协助受礼者将礼品打开，以示诚意。

收到别人的礼品，应双手捧接，并立即表示感谢。要是知道了礼品比较贵重的话，还是当面拆开包装最好，原封不动地放在一旁是不对的，那会使人觉得你对别人送的礼品毫无兴趣，因而产生不愉快的感觉。即使收到的礼品不合心意，也应当像接受自己所喜欢的礼品一样，说上几句感激对方和赞美礼品的话。

重视送礼的礼节

一般来说，礼物总是能使人愉悦的东西，所以我们都乐意接受别人的礼物，也乐意送出自己的礼物。礼物发展出的礼节相当重要。人们可以从送礼的礼节当中看到送礼者很重视受礼者和礼物。

一、亲自赠送

当你亲手把礼物送给受礼者，这份礼物将富有附加的重要性和意义，因为当你把它递交出去时，你的声音、表情，甚至握手或轻轻地拥抱都给了对方冲击。

二、包装美观

如果草草了事地包装一下或者干脆不包装，会让收礼者觉得这是一份过于随意且缺乏诚意的礼物，接受一份这样的礼物给人的感觉很糟糕。

三、附上名片

随手附上没有签名和个人致意的名片是一件令人扫兴的事，这种情形表达出一种感觉，就是送礼者从未看过这种礼物，好像送礼与他无关似的。如果你使用名片当附件，在你的名字后留下一个空白，用钢笔写上你的姓。在名片前后写上一些信息。礼物的附件可以使用好的笔记用纸，或者随手用一张报时贴，如果你有这种信笺，你可以用它们当做附件。它们比你使用名片来得好。

四、慎思寄语

在一篮美国提子中附上诸如此类的文字："你一直学习很努力，所以应该补充一点维生素 C！"

五、顾及礼俗

因人因事因地施礼，是社交礼仪的规范之一，对于礼品的选择，也应符合这一规范要求。礼品的选择，要针对不同的受礼对象区别对待。一般来说，对家贫者，以实惠为佳；对富裕者，以精巧为佳；对毕业班同学，以纪念性为佳；对朋友，以趣味性为佳；对老人，以实用为佳；对孩子，以启智新颖为佳；对外宾，以特色为佳。

六、不要犯忌

中国普遍有"好事成双"的说法，因而凡是大贺大喜之事，所送之礼，均好双送礼，忌单数，但"4"听起来就像是"死"，是不吉利的，要注意回避。白色虽有纯洁无瑕之意，但中国人比较忌讳，因为在中国，白色常是大悲、贫穷之色。同样，黑色也被视为不吉利，是凶灾、哀丧之色。

爱在礼品中传递

古语云："来而不往，非礼也。"既然是礼品，总有赠送者和接受者，但一个人不可能永远是赠送者，也不可能永远是接受者，二者的角色往往是转换的。礼尚往来，人之常情；而礼品的特殊使命就是通过赠送与回赠的过程来实现的。送礼者所赋予礼品中的含义或信息是否被接受者所领悟，答案往往就体现在回赠的礼品中。因此，回赠礼品不是简单的重复，它同样具有很高的艺术性，甚至更见"功力"。

美国人弗吉尼亚·格雷夫斯讲了一则小故事。1957 年她生儿子时，同一个名叫安的妇女住同一间病房。弗吉尼亚的父母是开花店的，每天都给她送一大束鲜艳的玫瑰花。而那个叫安的妇女却总是孤独地呆在病房，从来没收到过一朵花，也没有人来看望她。

当弗吉尼亚第七次收到花束时，她感到不安起来。因为她从安的眼睛里看出了忧伤和郁闷。

于是，当她的父母来看望她时，她叮嘱也给安送点花来。吃完晚餐，鲜花送来了。"这次是给你的。"弗吉尼亚看着花束上的祝福卡片说。

安长久地凝视着鲜花，终于轻声说道："我该怎么谢你才好呢？"

21年以后，弗吉尼亚的儿子不幸被癌症夺走了生命，报上登了讣告，悲哀的心情笼罩了整个家庭。

在丧礼上，一个邮差送来一小瓶鲜艳欲滴的花束。卡片上写着她儿子的名字："献给约翰·格雷夫斯——与你同一天出生在纪念医院中的孩子和他的母亲谨上。"

弗吉尼亚望着那只小花瓶，这才认出是多年以前送给那位忧郁的妇女的，今天这瓶中又一次插满了玫瑰。

这是一种友好的报答，是沉积在记忆中的感激之情，它在人悲伤的时候给予人神奇的抚慰。它代表的是人生的希望。

礼品具有两面性

《礼记》中说："故礼有报，而乐有反。礼得其报则乐，乐得其反则安。礼之报，乐之反，其义一也。"中国传统的"礼乐之道"特别注重人来而我往，人有施于我，我当报以人的精神。当然，当别人有恩于我，别人并不应该存有希望获得报偿的念头。但礼品具有感念功能，感激怀念常常导致情深意长，从而使人的心情趋向敦厚。"施惠勿念，受恩莫忘"，"礼乐之道"是鼓励人能用感念恩情而予以回报。而恰恰是有来有往，才能使人际关系纳入一个真正情感互融、相互协调、相互促进的动态发展过程中。有一句歌词唱得好：人字结构就是相互支撑的。

当初，释迦牟尼问弟子："一滴水怎样才能不干涸？"弟子无言以对。释迦牟尼说："把它放到大海中去。"他一语道破了人类赖以生存的秘密，同时也揭示了礼尚往来的本质。与他人交往是人的一种基本需要。人对尊重的需要、爱与归属的需要、自我实现的需要，等等，都是在人与人的交往中得到满足的。每个人无不处在多维的、双向的人际关系之中，人们在"人海"之中相互依存，逐渐明白了一条真理：为了不使自身这一滴"水"干涸，就要维持周围"水"的群体的存在。于是，人们提倡不断给人以爱，这样一来，也就能不断地从他人那里获得爱，而人际关系正是在这种双向的、互惠的、积极主动的交往中形成良性循环的。

我们民族历来注重"滴水之恩当涌泉相报"，然而，礼品不都是负载着善意的，人之常情常会被人利用。所谓"拉口子要见血，舍孩子以套狼"，"礼品"有时就是陷阱。

春秋时，晋国当权贵族智伯，打算率兵征伐卫国。他为了迷惑对方，事前赠送卫君四百匹马，一双白玉。卫君非常高兴，群臣也都喜庆祝贺。唯独南文子面带忧虑。卫君问他："大国同我们友好往来，你为什么反而忧形于色呢？"南文子回答说："没有功劳而受赏赐，并未出力而得厚礼，不可不慎重考虑。马四百匹，白玉一双，本是小国间互相赠送的礼物，而今却从堂堂大国送来，原因何在？请您好好想一想吧！"卫君便将这番话传达给镇守边疆的将士，叫他们提高警惕。不久，智伯果然带领军队向卫国发起突然进攻。到达边境后，见有防备，只得撤军回国。智伯说："卫国有了贤人，已经识破我的

策略，这将使我们徒劳无功，还是收兵为好。"

礼尚往来情意深

不知您读过美国著名作家欧·亨利创作的闻名遐迩的短篇小说《麦琪的礼物》没有？

小说描写的是这样一个故事：一对恩恩爱爱、清深意笃的年轻夫妇，虽然生活贫困，但他们仍存有两件值得珍贵的东西——一样是丈夫三代祖传的金怀表，一样是妻子一头褐色的诱人秀发。

圣诞将至，妻子很想送给丈夫一件让他惊喜的礼物，让平淡的节日变得带有一丝甜味。尽管每天对花销都精打细算，能省则省，可能否给丈夫买件可意的礼物，妻子没底。

丈夫为了让妻子高兴，千方百计想买那套玳瑁发梳——那套曾让妻子怦然心动的礼物，他不想让生活的困苦时时占据妻子的心。

他们都想着不动声色地买一件有价值的礼物给对方。

为了给妻子买那套玳瑁发梳，丈夫忍痛便卖了金怀表，将那套贵重的装饰发梳买了下来。

妻子为了给丈夫买一条像样点儿

的表链，以配丈夫那块金怀表，忍痛将一头秀发卖掉。平安夜，两人手里拿着礼物，望着对方，泪影婆娑。两人的礼物失去了实际意义，可它们却饱含着夫妻间的深厚情谊，感人至深。

欧·亨利创作的源泉是来源于一个传说：耶稣出生马槽里时，有被称为"麦琪"的三位贤人（也有人说是被称为"东方三王"的三人），给他送来了三件礼物：一个赠给他以黄金，表示尊贵。一个赠送给他是乳香，代表神圣。另一个赠给他药物，预示着基督日后必受迫害而死。

三位贤明而大智的麦琪，首创了圣诞节馈赠礼物的风俗习惯。这两个关于麦琪的故事，一个是神话传说，一个是作家的想象。

但它们却多少反映了一种历史与现实的事实：世界各民族大多都有一种"礼尚往来"的传统与习俗。

我国素来都以"礼仪之邦"著称于世，对于礼尚往来自然更加重视：《诗经》中有一首诗这样写道："投我以木桃，报之以琼瑶。投我以木李，报之以琼琚"。孔老夫子亦是崇尚"礼"数。

总之，有"投"必有"报"，有"来"则有"往"。

在社会交往当中，互赠礼物，历来是被看做人之常情；朋友相处一段，互赠礼物，加深友谊、共享美好；情侣相伴一段，互赠礼物，表示对对方的肯定与关心。不光是民间，就是官方，就是团体之间，国家之间，也常常用馈赠礼品来加强联系，增进感情。

勉为其难不可取

社会发展到今天，送礼已经是平常之事。这样那样的送礼到处可见，实不稀奇。但是，送礼大凡都是为了某种目的，或达到自己所期望的某种需求。收受礼物者一般也能悟出这"礼物"中的含意来。然而，送礼物也要送得不露痕迹，恰到好处，这其中不能说没有技巧。

任何倾注诚意的礼物，如果让对方知道你的目的很明确，就成为低俗无比的事。也就是说，送礼物千万不要有施恩求报的心理。

送礼既是真情实意，那就不应该单纯看作是一种应酬，不应该不分对象，只为一张薄面子，凑热闹、随大流。

只有关系较为密切，感情又比较深厚的亲友之间，而且是必要时有所馈赠，这样才是合宜的。

至于一般的朋友关系，泛泛之交，

如果只靠"投桃报李"的礼物交往来维系联络和感情，用一种表面上亲密的虚假气氛来掩盖，实际上不利于增进友谊，只能流于庸俗化、商品化。

你来我往，你送我还，勉其难而为之，苦于应付，双方都觉得是一种负担。所以，一般的朋友间，还是尽量不要建立一种礼物型的交往关系。

好礼伴你行好路

礼品通常以时间划分为两种。一种是可长时间保存的，如工艺品，各种纪念品等；另一种是短时或一次性的，超过一定时间便没有意义，如挂历、各种参观券等，可出于不同的需要自由地选择。

在选择好礼品之后，赠送的方式也有两种，或是亲自登门造访或是由他人代赠。一般说来，亲自将礼品送到他人手中会更好些。其间既可以当面向被赠送者表达亲切情意，也可以讲一些购选礼品时的趣事，浓浓真情溢于言表，这不但是对对方的尊重，也可以融洽气氛。如果一旦要事缠身，不能亲往馈送时，也一定要随托人代赠的礼品附上一笺，说明原因略表歉意，使得"送礼"这一过程显得圆满。

当然请人代赠礼品有时也是一种可以选择的方法。您要是不便与其相见或有难言之隐，拜托他人可以免去许多尴尬，另外，送礼切忌送过时礼，因为一旦错过了原本时间，送礼变得兴味索然，失去意义，这时（分身无术的您）请人代送礼品也不失为权宜之计。

一、送礼的动机

礼尚往来，馈赠佳品本是一种体现着友谊和文明的社会活动。但是，人们送礼的动机却不尽相同。寒窗数年的学子们在学成离别时，都不免要相互赠送附有照片的纪念册，再留有一些勉励的话语，显示出对纯洁、真诚友谊的珍惜，对已往美好时光的怀念，这时辛勤的教师们看到学生学有所成，也会感到无限欣慰，往往也赠以数言相勉。这样的礼物是具有鼓励性的，送礼的动机是为了表达友情或关怀。对于那些默默地在最艰苦的地方奉献着的人们，我们总是给予更多的崇敬，每当年节假日来临，会有许多人携带着慰问品前去慰劳，表述敬佩之情，这时带去的礼品多是日常用品或食品，属慰问性质。当您闻知亲朋好友将要举行婚礼的喜讯时，您一定也会感到高兴。在衷心祝福的同时，您还要赠以一份礼品，表示自己的心情，这样的礼品叫喜礼，礼品自然也多具喜庆色彩。

二、送礼的意义

我们在每天的工作、学习中都要接触陌生人，与陌生人建立友谊会使我们迅速协调好同周围的关系，更快进入新的群体之中。

北方某大学生毕业分配到南方工作，他不知该怎样与同事们融洽关系，打破最初的隔膜，后来经人指点，在他第一天到单位报到时，带去了一些具有浓郁北方特点的小礼品送给周围的同事们，并诚恳地请他们在今后的工作中多予指教。这一举动果然奏效，他很快在新的环境中顺利地开展了工作。

多年好友相聚，以一般的礼品相赠似乎无足轻重，如果您选择一件在彼此相识前您有纪念意义的物品或是充满对朋友真诚祝福的礼物相赠，这无疑把您现在的友谊在时间上向前后双向延长了，或者说是友谊的一种延伸。

多数挚友彼此间都可以坦诚相见，但也不免反目之时，当双方头脑都冷静下来以后，才觉得这份友谊亟该挽回，这时您奉上一份精心的礼品，往日深情又尽回不言中。

赠送礼品会丧失友谊吗？当然

会。无视对方的习俗、禁忌都会导致事与愿违。您若送视牛为神物的印度教徒以牛头饰品时，或送爱美而体态肥胖的姑娘一本减肥书籍时，大概会毁掉你们以往的友谊。

三、礼品的选择

馈赠他人，我们总希望礼品为对方所满意，然而面对琳琅满目的商品，我们又觉得无所适从，寻来找去连一件自己觉得合适的都没有。其实从对方出发考虑是对的，只是具体问题还得具体分析。

礼品的选择说来也是件细心的事。这需要事先对邀请方或是送礼的对象有一定的了解。

有时人们赠送礼品并不注意与赠送对象的关系。其实，不同礼品要依不同对象和不同关系来定。

礼物毕竟是感情表现与交流的一种方式，有时也是两方关系的衡量尺度。

关系一般的送以厚礼，会让对方心里不安，或许还以为你对他有所求；关系至深的，以不痛不痒的礼品相赠，显得黯然失色。

如果我们不问关系的远近就随心所欲地送礼，是会打乱这种关系的。

平时，我们为了赢得别人的好感，总要投其所好，那么您在选择礼品的时候，为什么还会茫然不知所从呢？

赠送的礼品，要想达到预期的目的或为对方所喜欢，就要"知己知彼"，才能"百战不殆"。确定赠送的礼品前，我们可以仔细考虑一下对方的主要爱好、习惯、兴趣等都是什么，哪些是主要的、突出的，哪些是与这次您送礼相关，这样有的放矢，相信就会胸有成竹了。

那么怎样才能了解到对方真正的志趣呢？同学、挚友之间自不必说，长时间的交往，您对他的爱好、特长一定了解入微，相对来说，选择礼品会容易些，一份知心的礼物送到朋友面前时，我们看到的肯定是真心的微笑。

如果是关系一般或你想在初次见面时就赠送一点礼品的话，可以向熟悉他的亲人、朋友询问，讲明原因，他们都会愿意帮助您的。但是也许这些人所提供的建议并不一致，那么，这时就需要加以分析了，平时的接触，对方的性格特征，以及在某方面的突出成绩等，都可以作为参考。

经过我们精心揣摩加上其他人的意见，这份礼物大概不会"离题太远"了，我们尽可以想象，与我们关系并不亲近的他收到了他喜欢的礼物，会是怎样的心情，更何况是初次见面呢？

各国赠礼有讲究

世界各国，由于文化上的差异，不同历史、民族、社会、宗教的影响，在馈赠问题上的观念、喜好和禁忌有所不同。只有把握好这些特色，在交往馈赠活动中才能达到目的。

一、亚洲国家

亚洲国家虽然因社会的、民族的、宗教的情况有很大不同，但却在馈赠方面有很多相似之处。

1. 形式重于内容。对亚洲国家人士的馈赠，名牌商品或具有民族特色的手工艺品是上好的礼品。至于礼品的实用性，则屈居知识性和艺术性之后，尤其是日本人和阿拉伯人，非常重视礼品的牌子和外在形式。对日本人而言，越是形式美观而又无实际用途的礼品，越受欢迎，因为日本人有送礼的癖好，送他这样的礼品，他好再转送他人。

2. 崇尚礼尚往来，而且更愿意以自己的慷慨大方表示对他人的恭敬。在亚洲，无论何地，人们都认为来而不往是有失尊严的，这涉及自身形象。因此，一般人都倾向于先送礼品给他人。而且，收到礼品，在回礼时则常在礼品的内在价值、外在包装上更下功夫，以呈现自己的慷慨和对他人的恭敬。

3. 讲究馈赠对象的具体指向性。选择和馈赠礼品时十分注意馈赠对象的具体指向性，这是亚洲人的特点。一般说来，送给老人和孩子礼品常常是令人高兴的，无论送什么，人们都乐于接受。但若是送他人妻子礼品，则需考虑交往双方的关系及对方的忌讳；如阿拉伯人最忌讳别人对其妻子赠送礼品，这被认为是对其隐私的侵犯和对其人格的侮辱。

4. 忌讳颇多。不同国家对礼品数字、颜色、图案等有诸多忌讳，如日本、朝鲜等对"4"字有忌讳，把"4"视为预示厄运的数字。而对 9、7、5、3 等奇数和 108 等数颇为青睐，对"9"及"9"的倍数尤其偏爱（但日本人不喜欢 9）。阿拉伯人忌讳动物图案，特别是猪等图案的物品，而日本人则忌讳狐狸和獾等图案。

二、西方国家

西方国家与东方国家不同，在礼品的选择喜好等方面没有太多讲究，其礼品多姿多彩。

1. 实用的内容加漂亮的形式。西方人对礼品更倾向于实用，一束鲜花、一瓶好酒、一盒巧克力、一块手表，甚至一同游览、参观等，都是上佳的礼品。当然，如果再讲究礼品的牌子和包装，就更好了。

2. 赠受双方喜欢共享礼品带来的欢快。西方人馈赠时，受赠人常常当着赠礼人的面打开包装并表示赞美后，邀赠礼人一同享受或欣赏礼品。

3. 讲究赠礼的时机。一般情况下，西方人赠礼常在社交活动行将结束时，即在社交已有成果时方才赠礼，以避免行受贿之嫌。

4. 忌讳较少。除忌讳"13"和"星期五"这个特殊的数字及日期和一些特殊场合（如葬礼），礼品的种类颜色等有一定讲究外，大多数西方国家在礼品上的忌讳是较少的。

送礼有技巧

送礼小妙招

送礼是一门艺术，关键在一个"送"字，你的聪明才智将在这个字上表现得淋漓尽致，也可能令你的蠢笨愚拙在这个字上落得个一览无余。

"送"是整个礼物馈赠过程中的最后一环，送得好，方法得当，会皆大欢喜，境界全出。送得不好，让人挡回，触了霉头，定会堵心数日。所以，只有巧妙掌握送礼的技巧，才能把整个送礼过程画上一个漂亮的句号。

令送礼者最头疼的事，莫过于对方不愿接受或严词拒绝，或婉言推却，或事后送回，都令送礼者十分尴尬，弄得个钱已花，情未结，实在不划算。那么，怎样才能防患于未然，一送中的呢？

具体性的技巧可根据受礼者的情况，采用下述方法一试，当可如愿。

一、欲擒故纵

有一个生活比较困难的同学叫张东，大家都想帮助他，可是他自尊心太强了，许多同学送东西给他都没有成功。可是有一位同学却送出了自己的东西。同学们问他是怎么送的，他透露的秘诀是：首先故意向张东借他有的东西，然后借还东西时送东西给他，并且堂而皇之地说："谢谢你的帮忙，这是我衷心的感谢。"

这种方法很有意思，若要跟兵法比较，它和其中的"欲擒故纵"术有着异曲同工之妙。

有一点要特别注意，你附在归还

物上的礼物，价值必须合适，不要让他产生心理负担。你的诚心诚意，他应当会感觉得出来。

二、暗度陈仓

如果你想送给同学一盒食品，不妨避谈"送"字，假借说是别人送你一盒食品，自己一个人吃没意思，来和对方一起分享。这样不露痕迹地"送"，岂不很妙？

三、借马引路

有时你想送一件礼物给老师，而又怕老师拒绝，你不妨选个合适的日子，邀上几位同学一同去送礼祝贺，那样老师便不好拒绝了，当事后知道这个主意是你出的时，必将改变对你的看法。借助大家的力量达到送礼联情的目的，实为上策。

四、移花接木

小龙有事要托小虎去办，想送点礼物疏通一下，可是又怕小虎拒绝驳了自己的面子。小龙的好友与小虎很熟，小龙便起用好友进行外交，让他带着礼物去拜访。结果一举成功，礼也收了，事也办了，两全其美。看来，有时直接出击不如迂回行动能收奇效。

五、醉翁之意

假如你是给家庭困难的同学送钱物，有时，他们的自尊心使他们轻易不肯接受济助。你若送的是物，不妨说，这东西我搁着也是闲着，让他拿去先用，日后买了再还回；如果送的是钱，可以说是借给他用，以后有了再还。受礼者会觉得你不是在施舍而是暂借给他，会乐于接受的。这样你送礼的目的就会达到了。

六、锦上添花

一位学生受老师恩惠颇多，一直想回报，苦无机会。一天，他偶然发现老师红木镜框中镶着的字画竟是一幅拓片，跟屋里雅致的陈设不太协调。正好，他的叔父是位在全国小有名气的书法家，他手头正有叔父赠的字画。这位学生马上把字画拿来，主动放到镜框里。老师不但没反对，而且非常喜爱。学生送礼回报的目的终于达到了。

受礼时的礼节

一般情况下，对于一件得体的礼品，受礼人应当郑重其事地收下。大多数人都很欣喜地接受过礼品，但收礼人并不是都能很优雅地接受别人的礼品。

当他人口头宣布有礼相赠时，不管自己在做什么事，都应立即中止，起身站立，面向对方，以便有所准备。

在对方取出礼品，预备赠送时，不应伸手去抢，开口相问，或者双眼盯住不放，以求先睹为快。此时此刻，应保持良好的受礼风度。

在赠送者递上礼品时，要尽可能地用双手前去迎接。不要一只手去接礼品，特别是不要单用左手去接礼品。在接受礼品时，勿忘面带微笑，双目注视对方。接过来的若是对方提供的礼品单，则应立即从头至尾细读一遍。正式场合下，受礼者应用左手托好礼物（大的礼物可先放下），抽出右手来与对方握手致谢。

此时，对礼品赞不绝口是不够的，在双手接过他人礼品的同时，应向对方立即道谢。"谢谢你"三个字表明感谢的不是礼物本身，而是对方的一片心意。

还可以找一些动听的话，或者令人开心的话来说。可以感谢送礼人所花费的心血："你能想到我太好了"。可以感谢对方为买到合适的礼品所付出的努力，如："你竟然还记得我收集邮票"。

接受礼物时要注意礼貌，但不要过于推辞，没完没了地说："受之有愧，受之有愧"！这样很容易伤害到送礼者。

接受礼品后，欧美人喜欢当着客人的面，小心地打开礼物欣赏，从外包装夸赞到内包装，看见了礼物，也会好好地夸赞一番，高兴时甚至还会拥抱你一下，与送礼者共同分享收到礼物的喜悦。欣赏完礼物，他们会重新将礼物包装好，对他们而言，这才是一个完整的受礼礼仪。

而中国人在接受礼品时，一般不会当着送礼者的面把礼物打开，而是把礼品放在一边留待以后再看。这是为了避免自己万一不喜欢对方所送礼物时的尴尬，也是为了表示自己看重的是对方送礼的心意，而不是所送的礼品。还有一点是，如果给不同地位的人赠送不同的礼物，当场不打开礼物可以避免相互之间的比较。

但今天已不再这么刻板了，如果现场条件许可，时间充裕，人数不多，礼品包装考究，那么，在接过他人相赠的礼品之后，应当尽可能地当着对方的面，将礼品包装当场拆封。这表示自己看重对方，同时也很看重获赠的礼品。在启封时，动作要井然有序，舒缓文明，不要乱扯、乱撕、乱丢包装用品，此时，撕破包装纸会被认为是粗鲁的举止，同时也是对赠送者的不尊重。

当面拆开包装之后，要以适当的动作和语言，表示对礼品的欣赏。比如，可将他人所送的鲜花捧起来闻闻花香，随后再将其装入花瓶，并置于醒目之处。

要是别人送了一条围巾给自己，则可以马上围在脖子上，照一照镜子，并告诉赠送者及其他在场者，"我很喜欢它的花色"，或是"这条围巾真漂亮"。即使对方送的礼物自己很不喜欢，这时你也不得不说些善意的谎言。

受礼时的寒暄

知道如何优雅地接受礼物是关于受礼的礼节的一部分。受礼者在接受礼品时通常应站着相接，表示尊重对方的礼品和送礼的诚意，并说一些客气或感谢的话，如"你太客气了"、"让你破费，真不好意思"，或是简单地说声"谢谢"。切忌收到礼品时，什么也不说，随手放到不起眼的地方，这样会让对方认为你对他不重视，不感兴趣。这是一种失礼的行为，是不尊重他人的表现。

现在，有不少人喜欢当着送礼者的面，表示自己对礼物的喜爱，以此来感谢送礼者。受礼者最不恰当的寒暄，是告诉对方并不需要对方所送的礼品，如"这东西我家里很多，你还去破费"等。

即使当你打开包装，发现是一条你不喜欢的围巾时，也不可用语言表达你不喜欢，因为，太过直率会破坏人们对你的印象，而且，更会使送礼者感到尴尬和坐立不安。当某人送了你一个皮制的年历，而这样的物品你已经有四个了，你还是应该说："好漂亮!"

当你确实喜欢收下的礼物，你就应该让送礼者知道礼物在自己心中所引起的热切之情，这会令他兴奋不已。

在送接礼物的过程中，寒暄、客套的人比较重视礼仪，然而寒暄时如果说话不得体，反倒更加失礼。

如有人收下礼物时，顺口问了一句："这东西很贵吧?"对受礼者来说，这本是一句客套话，然而会使送礼者感到生气、难堪。因为在你收到礼物时，脱口提及价钱，会令人觉得俗不可耐，仿佛只懂得以金钱来衡量礼物的价值，如此一来，对方对你的评价自然很低。所以，收到礼物的人只需表示感激或赞美，不应询问价格高低。

一般来说，不应当面拒绝他人的礼物，除非所送礼物违反了送礼的禁忌。出现这种情况时，受礼者应当委婉而又坚决地拒绝收礼，如果送礼者不知道自己错在哪里，应当向他暗示一下礼物不妥的原因。

适当回赠礼物

一般情况下，为了加强联系，增进友谊，收到馈赠的礼品后，受礼人要答谢、回礼。在节日庆典时，可以在客人走时立即回赠。在生日婚庆、晋级升迁等时接受的礼品，应在对方有类似的情形或适当时候再回赠。

当你决定给朋友回赠时，要根据对方的性格、志趣及所处环境，考虑周全，并且结合自己的经济能力，选择适当的礼物，作为回赠。

回赠的礼物与送者的礼物有同种含义：表达感情，增进友谊。切莫有对方送一，你必还二的机械做法。

回赠的礼品切忌重复，一般要价值相当，也可以根据自己的情况而定，但也不必每礼必回。

为了回赠对方满意的礼物，在接受他人的馈赠时，应留心记住礼物的内容，回赠时以选择类似的物品为宜。例如：对方送你一本书，回赠时可选择书籍作为礼物。因为一般人在选择礼物时，无意之间会选择自己喜欢的物品。回送对方礼物，不妨参考对方所送的礼，然后回送同一系列或同类礼物，将使对方产生"贴心"的感觉，并收意外之效。

对方赠礼是不求你回报的，它只表示对你们关系的一种肯定，如果你一定要送一件比你朋友所送你的礼物要贵重的，并不一定有好的效果。

那种不顾自己的经济承受力，一味攀比的行为是万万不可取的。总之，目的是要送出一份真心。

送礼"5个W"

有的同学不懂得送礼的艺术，到了师长的节日，瞎送一气，结果事与愿违。善于送礼的人，所挑选的礼物，总是经过细心的选择，同时亦因其独特的风格，使人觉得该礼物很值得收下。

选择自己喜欢的礼物送人，这种在选择时已费了一番心思的礼品，就能够使人欣然接受。那么应该怎样做才能成为一个送礼高手呢？

请记住"5个W"法则：

WHO？（送礼给谁？）

WHAT？（因何事送礼？）

WHY？（为什么要选这礼物？）

WHEN？（什么时候送去最合适？）

WHERE？（送到什么地方去？）

合乎这五个条件的礼物，就把你的心思以及个人的爱好风格确切地表达出来了，这是送给对方的最佳礼品。

因此，心中熟记这"五个W"，是选择礼物的第一步，同时也是让别人能接受你的礼物也接受你的要求的最佳捷径。

记住这"五个W"之后，接着就要考虑到送礼的关键。

第一个要点，先了解对方最想要的是什么，只有对症下药，才能达到药到病除的功效。由于对象的不同，或者依据送礼者的特殊身份，不见得一定要从一般的东西里来挑选。不过，不管自己有多么中意，但对对方来说没有用处的东西就不在考虑之列了。如果对方已拥有很多这一类的东西，再重复收到类似的礼物就会显得漫不经心、不甚在意。这除了徒增对方的不耐烦之外，别无半点好处。

第二个要点，就是要好好考虑送礼对象的生活习惯和环境，然后再加以挑选适合的礼物。

中国人送礼，最讲究面子，似乎只有礼物值钱，才能体现主人情意重。奇怪的是最讲究传统的中国人，似乎忘了"礼轻情义重"的传统教诲。

西方人送礼，往往是一束野花、一本书、一小篓水果。也许在这一点上，我们要学习外国人。

送礼，本身是一种礼貌、尊重、感谢的表示，它本来要求是"礼轻情义重"。礼物应是有特殊含义的，不必太贵，又不是给对方的物质援助或经济补贴。

同学之间通常出于面子的需要，觉得一件小东西拿不出手，要送老师礼物，就得送货真价实的大礼。钱虽然花了不少，但效果却未必好。其实老师只要学生学习好，他心里就高兴，你一家伙提了那么多礼物，他还可能认为你有什么不可告人的目的呢！怎敢收呢？如果老师不肯收，你的处境就尴尬了，提走不是，不提走也不是。于是你推我让，最后，首先难下台的还是你。

如果取消"经济价值"的标准，那么什么是合适的送礼标准呢？我们说当然是以令对方高兴为标准，而价钱高低不应作为衡量的标准。

有一个同学喜欢给杂志投稿，于是他以自己发表的作品作为馈赠的礼物，深得周围同学师长的喜爱。

你愿做个聪明人吗？那么当你送礼时就不要只考虑面子，还是要记住"礼轻情义重"这句古训，能使对方高兴足矣。

投其所好最相宜

在送礼之前，要了解一下对方的兴趣爱好，这样有针对性地送出的礼物会让受赠者格外喜爱，留下特别深的印象，爱"礼"及人，这样一来，对送礼者也就格外有好感了。

比如给喜爱艺术的人赠送的礼品，在之前，您应该了解一些具体情况，以便礼品的选择更有针对性。他是专业还是仅供消遣而从事这项活动？在这方面他最喜欢或最崇拜的是哪位？他的认知程度和鉴赏、创作、表现水平如何？

送给音乐爱好者的礼物：为其订一份音乐杂志；赠送带音乐图案的物品，如印有乐器、乐谱的。赠送一本他喜爱的作曲家、演奏者、歌唱者的传记；送一张他喜欢的唱片或磁带；音乐会的入场券等。

送给美术爱好者的礼物：一本美术画册；为其报名参加培训班、学习班；一支画笔，一张素描纸或画布；美术作品展的参观券；有关理论书籍。

送给电影、戏剧艺术爱好者：订一份有关的杂志；著名演员的剧照加签名；邀请观看电影、戏剧回顾展；剧照剪贴集。

诚意尽在礼品中

送礼的目的在于带给别人一份快乐与欣喜，用一种有限的物质形态去表示出自己对对方一种无限的真心诚意。

我们不妨先分析一下送礼者的种种送礼时的心态，看看送礼者的心态是否有违送礼——这一礼节本义的。

的确，送礼有时会成为一种负担，可那也是指礼物过重，超出自己经济承受的能力和送礼次数太多，太集中而言的。

真正代表送礼者真心诚意又让受礼者能坦然收下并心存感谢的礼物，并不在于它的价格昂贵与否。而在于礼物本身所蕴含的那份诚心与关爱。

要做到这一点，就要求你对受礼者有了比较清楚的了解，比方对方的喜好、性格，平时做个有心人，留意合适的礼物，免得礼到送时选择难。

一件合适的礼物，表现了送礼者对对方的了解，也反映了你——送礼人的品位及个性，大方或吝啬，实在或虚荣，高雅或俗气……

有一种送礼者出手大方，颇有一掷千金的"潇洒"与"豪迈"。其实，他只希望自己的礼物带给对方一

个信息：我很"富有"，在亲友面前炫耀一番，似乎这样便高人一等，出人头地了。

有的人还要看看受礼人是不是对自己"有用"……他们的礼物只能送给投桃报李的人，而不能考虑自己的礼物是否能给受礼者带去温暖与欢乐。

人与人的交往，注重的是一个真正的"情"字。送礼，既不是对他人的施舍，也不是资助，因此，也就不应该将礼物放到金钱的秤磅上去称量它的价值。

送礼是一件发自内心的极为愉快的交流感情的活动，是亲切的赠与。送礼是一门学问，更是一种艺术。

如何让礼轻情重

如果你真要馈赠以表心意而又拿不出"多少"的话，请牢记中国的一句古话，叫"千里送鹅毛，礼轻情义重"。那么，怎么个"礼轻"，又怎么个"义重"呢？

一、礼物对收礼人最好有特殊意义

在考虑买什么礼物时，先想清楚什么对受礼人最重要。能够知道并馈赠对方所珍视的，本身就是一件好礼物。

妈妈40岁生日，谷雨送给妈妈一座一米宽、一米半长的木制娃娃屋作为礼物。谷雨曾听妈妈谈起她小时候特别想拥有一座娃娃屋，却始终未能如愿。妈妈收到礼物，十分高兴地，说："谷宏真是个有心的孩子，送给了我一份最能打动我心的礼物。"

二、选对方想要却没有想起的礼物

这种送礼的窍门，就是要在平日闲谈中多加留意。有时候，你对一个人的真正需要可能比他本人还清楚。

三、要花时间和心思

能够表现出自己一番心意的礼物，带给对方的快乐绝不是昂贵的珍宝可以与之媲美的。你可以把母亲一盒散放的照片拿出来，一一注上说明之后，贴在相簿上，送给母亲作为生日礼物。

四、不必刻意等特别的日子

有一位同学喜欢在上学前，悄悄地将一张纸条留给爸妈，写上一句诸如"成功的时候，说都是朋友。但只有父母是失败时的伴侣。所以今天我想对你们说：'爸爸妈妈我爱你们'"之类的话表达感情，正是这些话语让父母十分感动。我们在平常的日子送礼，是在告诉对方"我珍视你"。而往往所传达的情义更胜于言语。用来表示你认识到对方进入了人生的新阶段并加以鼓励的即兴式礼物——不必一定是物质的，同样会令人高兴的。

有时送礼就是那么简单，而又是那么意味深长。重要的是要表现出你很关心对方，想令对方喜悦。

五、送礼要得体

给亲朋好友送礼，第一在于得体。所谓"得体"，说得更坦白一点，就是要能适合受礼者的需要。譬如你的朋友（亲戚）是一位交游广泛、经济富裕的人，你预备送他一百元的礼金，不如省下五十元买一幅喜幛，甚至省下七十元买一幅立轴写上颂词来得得体。相反地，如果受礼者是一位经济并不富裕，而且生活亦很节俭的人，就应该送礼金比较好些。

送礼在于"得体"，如何得体，在送礼之前，必先对受礼者的个性、教育程度、风俗习惯、经济状况等，加以了解分析，依据上述的情况，酌情送礼。

赠人良言胜千金

在许多送礼场合，用的是书面用语。例如，在礼品书、照相册、文具、工艺品、贺卡上题词。选择好、设计好切合受礼人的书面用语同样十分重要。有时，甚至使受礼人终生难忘。

陆先生14岁那年，一场大病使他再也没有像健康人那样行走。30多年后，他已是一家民政福利企业的厂长，每年为国家创汇数百万美元。谈到少年时代，他激动地说，是班主任周老师的一份礼品——贝多芬命运交响乐的唱片，和唱片上周老师的题词："这位性格坚强的音乐家说，我要扼住命运的咽喉，它妄想使我屈服，这绝对办不到。——生活这样美好，活它一辈子吧!"给了他活下去的勇气。在他最绝望、最孤独的时候，他让家中的那架旧唱机不断地播放这部给人同命运抗争的勇气的乐曲，他多次放弃自杀的念头，是最后想到了周老师的面容与题词。

书面的礼品用语通常有以下几类：

一、抄录名人名言

经过数千年的积淀，人类的智慧

宝库已空前庞大，并正以时间平方的加速度急剧膨胀。名人名言是撷取自浩如烟海的著作中的人类思维之花。它像一位睿智的朋友，以富有哲理、充满机智和生动形象的话语，向人们诉说着理想、事业、人生和对爱情、财富、艺术等的看法。

比如，当你的同学高考落榜、情绪低落时，你送上一份礼品（书或节日贺卡等），上面写道，"天生我材必有用——李白"，也许会对他以健全的心态、进取的精神走向社会产生积极的影响。

二、化用名人名言

在一次老三届校友的聚会上，校友给他们尊敬的老师赠送了一套新型的相册，把这次聚会的合影、老师的工作照夹上，上书题词："春蚕丝常在，红烛汗未干"。这一用语很贴切地描述了步入老年，仍在辛勤耕耘的园丁的形象，表达了同学们千丝万缕的思念之情——丝，乃"思"之谐音。这句题词巧妙地点化了唐代诗人李商隐的名句"春蚕到死丝方尽，蜡炬成灰泪始干"。

三、自己设计题词

某科研单位的攻关小组对一个攻关项目已经过三个多月百余次的试验，均告失败。尽管每次试验都积累了可贵的经验教训，但攻关小组内已出现悲观、急躁的情绪。时逢中秋佳节，攻关组长李高工为组员每人发了一盒礼品月饼，盒内有一打印的题词："挫折可以成为泯灭希望之火的冰水，也可以成为点燃奋斗火炬的火种，就看你有没有志气与信心。有了它们，可上九天揽月。"过了两个月，这个项目的"堡垒"终于被攻克。事后大家说，李高工的那盒月饼产生了神奇的力量，吃了它，可上九天揽月。其实，不是月饼的魔力，恰恰是那段送礼用语，那段自己设计的题词产生了巨大的精神力量。

随礼赠言要斟酌

在送礼物时若能同时附上留言卡，就会让对方感受到更深的情意。因为不管是多么充满魅力的礼物，包装多么精美，如果没有随附任何留言，就会降低对方喜悦的心情。所以，在送礼的时候，请附上留言卡，把你的祝福与礼物一起传达给对方。

留言卡可以将语言以一种有形的方式保留下来，不仅是在对方收到的那一刻，过后也会被对方经常拿出来欣赏，每次打开的时候，都会让对感到幸福、温馨。

这样的话，留言可以加深礼物的意义，让你和对方的心靠得更近，更好地体现出送礼的礼仪与魅力。

但是，在选择贺卡和书写祝福时，有很多细节需要注意，下面是选择、书写贺卡时需要注意的事项：

一、选择与礼物相配的贺卡

赠送圣诞节礼物时，要选择具有圣诞色彩和圣诞风格的贺卡，慰问病人时要选择高档纸的贺卡。要抱着贺卡本身也是礼物的一部分的想法选择贺卡，而不要随便写在普通的纸上。贺卡、礼物、包装纸和丝带的颜色要协调。

为了避免因为没有合适的贺卡而手忙脚乱，应该平时就开始注意收集贺卡。

二、满怀感情用心书写

带着感情写的留言一定会把心意传达给对方。写的时候一定要认真地书写，注意不要写错字或漏字，如果写错了，要换卡重新书写。容易写错字的人，或是不擅长措辞的人，可以事先在别的纸上打草稿。不要使用有污渍的纸或容易渗透墨水的纸。

三、直接表达自己的感情

在纪念日或礼物的贺卡上一定要写上"谢谢"、"祝福"等温馨的话语来表达你的感情。老一套的语言和死板的问候是无法打动对方的，请写上只有你才会说的，只想向对方表达简单而直接的话语。对对方的关怀，也可以用口头语表达，但是要注意保持礼貌。

四、留言要简单精练

用简单的语言说明自己出于何种心情选择这个礼物时，如果你写的话能让对方感到"是为了我特意选择的礼物"，那么这份礼物对他来说就非常有价值。

五、多写祝福赞美语

一张小小的贺卡就可以为对方带来无穷的快乐。比如"只要跟你在一起，生活就会很美好"、"想跟你做永远的朋友"等，可以尽情地书写一些鼓励对方、夸奖对方、让对方感到高兴的话语。

六、留言不要冗长

留言应该是直率的、简练的，并且带有感情色彩的。千万不要把它变成一篇说明文。写在贺卡上的留言，就像做菜时放盐一样，一定要本着适可而止的原则。

七、注意整体平衡感

建议在贺卡的中央书写，以保证整体的平衡感。注意不要让某一端的空白处过大或向某一方向倾斜，这样看的时候很费劲。注意保持"Thank you"，"Happy Birthday"等大标题位置的平衡感，保证与全文的和谐，也可以将祝福的话语打印在贺卡上。

八、注明时间

对于那些特别日子的礼物，需要在贺卡上注明时间。即使作为一般的信件，写明时间也是最基本的礼仪，所以应该养成这种习惯。

九、再次确认内容无误

写完的贺卡最后要重新确认一下是否有误。为了保证打开礼盒后对方可以马上看到贺卡，可以用大头针把它固定在丝带上。

走进礼品大世界

送给老师的礼物

最常见的是一封情感诚挚的感谢信，外加一束代表师恩的鲜花，内附一张尊师卡。

几枝康乃馨，再配上一枝满天星，表达老师辛苦传道、授业、解惑后，学生的成果累累。老师常被比喻为母亲，康乃馨也表示师恩似海。

向日葵、花毛茛、玫瑰、鹤望兰、马蹄莲、文竹等，都表示难忘师恩，对老师怀有深深的敬仰之情。

菊花、荷花，象征老师高洁的品格。

向日葵，表示非常敬慕老师的光辉。

鸢尾花、郁金香，表示感念师恩。

红叶李、杏坛便是教育界的代名词，送红叶李和杏花表明将铭记老师的培育之恩。

兰花、君子兰，这是拜访德高望重的老师时宜送的鲜花。因为兰花和君子兰品质高洁，有"花中君子"的美称。

还可以选择其他一些别致的礼物：

书店的礼品券，这是老师最喜欢的礼物；

讲座或某类活动入场票，这适合送给对这些感兴趣的老师；

帮老师订阅与他所教科目有关的教学期刊；

一套礼品书，既可阅读，又可置书柜陈设；

老师经常用到的照片架、书档或藏书印记等；

可供摆设和纪念的水晶玻璃或陶瓷花瓶等高雅礼品；

如果老师是有车族的话，也可以送一些汽车内的小摆设，让老师在路上能够体会到学生的爱戴，时刻保持好心情。

自己动手制作的贺卡，贺卡上写着你想对老师说的话，表达你的尊爱之情；

以老师的名义给学校图书馆赠书，或者给系里或班级里送去特别的教具；

一个果篮，配上扁柏或松枝，表达对老师的敬意。

送给同学的礼物

一、实物类

球类

如篮球、足球、网球、乒乓球、排球等，视对方的兴趣而定。

工具书

如地图册、字典、百科全书、法规汇编等，在不同的场合均能派上用场。

废纸篓

选结实耐用、颜色鲜艳的种类。

小书架

可放置自己的书刊以及玩具。

精美的钢笔

同学之间最常见的礼物，既实用又可留念。

多用途记事本

可用来记日记、笔记，还可以用作会议记录本。

台　灯

灯光的亮度可以调节，柔和的灯光不会影响到其他室友。

迷你录音机

适合听演讲或老师授课时使用。

高品质的书签

为书增彩，还可作为留念收藏之物。

可擦拭的留言板

适合挂在寝室的门上，方便室友留言。

精致的闹钟

收到这样的礼物，上课就不用担心迟到了。

懒人椅或座椅靠垫

适合休闲阅读的礼品。

置物箱

可将物品分类装箱，适合在窄小的空间中使用。

样式美观的地址登录本

实用而且时尚的礼物。

已标示好重要日期的年历

实用、美观、考虑周详的礼物可方便同学查阅重要的日子。

寝室玩具

可与室友共同分享其中的乐趣。

参考书籍或学科资料

送给同学学习的好帮手。

二、祝愿类

贺卡

写满祝愿的话，最好是自制的卡片。

鲜花

鲜花本身就是无言的祝福。

盒装巧克力

只装有一颗巧克力，且附有一张礼卡，表示友谊。

香皂

送给不喜欢洗澡的同学。

刮胡刀

送给满脸胡须的同学。

针线包

送给衣裤经常有开线之处的同学。

三、活动类

迪吧狂欢夜

你陪同学尽兴狂欢。

骑马场一日游

展演马上工夫，锻炼同学的勇敢。

特别的餐厅聚会

可聚在一起共叙同学的情谊

音乐会入场券

和同学一同在音乐中陶醉。

运动比赛入场券

为所钟爱的球员或球队加油，真是大快人心。

四、纪念类

种一棵树

最好种在校园里，上面挂有同学姓名的牌子，表示为他而种。

本校纪念品

T恤、运动衫、毯子甚至茶杯等，上面印有校徽、校名。

毕业纪念册

毕业生之间互相交换的礼物。

刻有名字和电话的留念钢笔

同学与您随时都可致电问候。

文具

上面印有你的姓名。

水晶或瓷制的雄鹰模型

鼓励同窗好友创业的雄心壮志。

聚会录像带

准备多份，可作为毕业礼物相送。

填充动物玩偶

上面印有其就读学校的校徽的。

电话卡

打完里面的储值后，就成为了一张纪念卡。

送给父母的礼物

送给父母的亲情礼

钱不能没有，但也不是万能的。子女送给父母的礼物，不在于其价值，而在于让老人感到子女未忘记他们的养育之恩，从而心中倍感慰藉。

尤其应经常提起父母值得骄傲的过去时光。这更能引起他们的共鸣，使他们内心感到愉悦。当然，这时应让父母当主角，子女当配角。

以下所提到的礼品，都是很合适的亲情礼。

1. 登报祝寿。既真诚又引人注意的祝贺方式。

2. 餐厅礼券。送他们到一家心仪已久的餐厅用餐。

年画《丹凤朝阳》

3. 交际舞课程。保证既有趣又罗曼蒂克。

4. 将你父母的照片印在瓷盘、年画上送给他们。

5. 一份特制的挂历。依家庭照片印制而成。

6. 网球训练器及相关课程。

7. 一双耐用的运动鞋。不论是练剑、慢跑或上武术课皆适用。

8. 休闲服。居家、购物两相宜。

送给父母结婚纪念的礼物

面对如此意义重大的日子，通常兄弟姐妹会联合出资购买礼物。如果你的父母对于这一天也十分重视，那么送一份家庭味道浓厚的礼物是很适合的。

1. 特别设计的纯棉布被套。

2. 刻有日期及姓名的银盘。

3. 列出父母所做过的一些美好事迹，然后请书法家誊写下来，镶框纪念，最好用"感谢你"作为文章的结尾。

4. 请专业画家替父母绘画像。

5. 永难忘怀的旅游。

6. 家庭写真集。将家庭每一成员的照片装框，这些照片可以是婴儿照、毕业照，或是结婚照等。

7. 装满了家庭照的相簿。

8. 重新翻洗祖父母的结婚照并装框。

9. 家庭DVD，可以重温一些值得回味的聚会或节日。通常这样的礼物需要大家通力完成。

10. CD录放机和CD片。请先指导他们使用的技巧，但别试着去改变他们的喜好。所送的CD片中，最好包括他们的定情曲。

11. 经典名片DVD。如《红楼梦》、《梁山伯与祝英台》等老片都是不错的选择，另外再准备一些零食，保准他们有一个怀旧而且浪漫的夜晚。

12. 自制的干燥香料。不但包含着你的用心，且花费不多。

13. 订阅一份你的父母所喜欢的杂志。

14. 录音电话机。有些父母对于此种高科技的产品心中可能有些抗拒，甚至也不喜欢在电话中留言。因此最好购买使用简便的机型，亲自示范一遍，并替他们录好留言录音带。

15. 利用工艺课所学到的技艺，制作礼物送给父母。

送给母亲的节日礼物

母亲节是每年五月的第二个星期天，我们通常利用母亲节或其生日的

场合，向母亲表达我们对她的感激。而不论你的母亲是传统的女性或是前卫型的女性，某些类型的礼物总能成功地取悦她们。以下列出的一些礼物可以作为参考：

1. 规划一座小花园。你可购买一些小包装的各类花草种子及漂亮的花盆，母亲收到这份礼物后，借由亲自栽种，可享受到"拈花惹草"的乐趣。

2. 陪母亲去逛街。

3. 各式各样的香水礼物。它可以是香粉、身体香乳，或是香精油。

4. 样式高雅的蕾丝桌布。

5. 守护神胸针。她曾经是你的守护神，现在回赠她一个吧！

6. 逛古董店或二手货商店。在这类商店中，常能买到一些极为特殊的商品，例如手工制的玻璃罐、花瓶、假珠宝、皮领的羊毛外套，及香奈尔手提包等。

7. 沐浴用品组合。其中包括沐浴球、保湿乳液，沐浴海绵及香皂等。偶尔放松一下自己是值得的。

8. 花束。

9. 香水样品组合。

10. 女性健身俱乐部会员证。

11. 整套的美发用品。包括适合她发质的洗发精、润发乳、深层护发乳、热油护发、定型液、发卷、发胶及摩丝等。

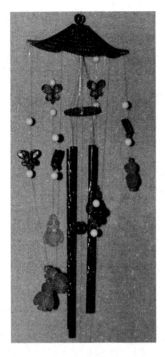

风 铃

12. 制面包机。这份礼物是为那些喜欢自己做新鲜面包的妈妈所准备的。家中将会弥漫着一股烤面包的香味。

13. 邀请母亲喝下午茶。

14. 戒指或手链。

15. 食谱及香料。针对喜爱烹调的母亲们设计准备的。

16. 演奏母亲喜爱的民歌的精美音乐盒。

17. 录有大自然声音的录音带或CD。如热带雨林、暴风雨、潺潺流水以及海洋的声音。

18. 风铃。风铃声响起，很有一种怀旧的味道。

19. 置于大腿上方的小桌子。方便在床上阅读或写信用。

20. 开信刀。有些甚至有磁性，所以平时可附着在冰箱门上。

21. 母校纪念品。

22. 自制贺卡。什么礼物都比不上一件亲手绘制的礼物。不论你现在年纪多大，他们都会很乐意收到这份感性的礼物。

献给星座妈妈的礼物

1. 宝瓶座（1.20～2.18）

宝瓶座妈妈，是求新求变型的母亲，凡事不拘于常规，接受新科技的能力很强，是走在时代前列的新女性，与众不同是她的特色。因此，送给宝瓶座妈妈的母亲节礼物，可以是陪她去看展览会，或是送她目前最炫最热门的产品，或是安排一个热闹的餐会。

2. 双鱼座（2.19～3.20）

双鱼座妈妈，是浪漫多情型的母亲，注重生活情调的她，善于营造温馨的家庭氛围，温柔和体贴是她的特色。因此，送双鱼座妈妈的母亲节礼物，就少不了那一束束美丽的节日鲜花，以及在众人祝贺声中的烛光晚餐，还有那代表每个人感激心意的贴心礼物。

3．白羊座（3.21～4.19）

白羊座妈妈，是积极行动型的母亲，往往你会看她忙里又忙外，一刻不能闲，动作迅速是她的特色。因此，送给白羊座妈妈母亲节最佳的礼物，就是一些可以提高工作效率的家用品，例如：无线电话机、多功能遥控器、全自动电子锅。

4．金牛座（4.20～5.20）

金牛座妈妈，是克勤克俭型的母亲，很有经济观念的她是家里的财政部长，开源节流是生活的唯一信条。因此，送给金牛座妈妈母亲节的最佳礼物，就是一些具有长期保值功能的东西，例如：黄金珠宝、理财基金、金表钻戒等。

5．双子座（5.21～6.21）

双子座妈妈，是博学多闻型的母亲，对子女的智商很重视，是标准的教育妈妈，多才多艺是她的特色。因此，送给双子座妈妈的母亲节最佳礼物，就是一些具有资讯效能的东西；例如电脑、第四代电视接收机、各种消费情报杂志。

6．巨蟹座（6.22～7.22）

巨蟹座妈妈，是传统顾家型的母亲，对子女的照顾无微不至，家就是她的整个世界，慈母婆心是她的特色。因此，送给巨蟹座妈妈的母亲节最佳礼物，最好是可以用来减轻家务劳动的东西，例如：全自动洗衣机、微波炉、吸尘器。

7．狮子座（7.23～8.22）

狮子座妈妈，是权威领导型的母亲，对家庭伦理分际严明，是孩子们的楷模，重视荣誉，自尊心强是她的特色。因此，送给狮子座妈妈的母亲节最佳礼物，最好是带有尊贵性质的东西，例如：价值非凡的 VIP 卡、有身份象征的名牌用品、高贵的家庭装饰品。

8. 处女座（8.23～9.22）

处女座妈妈，是求好心切型的母亲。对子女有很高的期望，望子成龙望女成凤，注重细节是她的特色。因此，送给处女座妈妈的母亲节礼物，最好是看起来很精致细腻的东西，例如：珍珠项链、知名品牌的化妆用品、华丽的衣服饰品。

9. 天秤座（9.23～10.22）

天秤座妈妈，是民主作风型的母亲，管教孩子时从不疾言厉色，会站在对方的立场来设想，合作与分享是她的特色。因此，送给天秤座妈妈的母亲节礼物，是找时间好好地谈谈知心话，一起看节目，听音乐，做家务，或送成双成对有纪念性的礼品。

10. 天蝎座（10.23～11.21）

天蝎座妈妈，是意志坚强型的母亲，不论在多么恶劣的环境中，都会像母鸡保护小鸡般有大无畏的精神，刻苦自立是她的特色。因此，送给天蝎座妈妈的母亲节礼物，最好是具有个人价值的东西，例如：亲手制作的纪念品、美容塑身保养用品、健康保险或股票现金。

11. 射手座（11.22～12.21）

射手座妈妈，是自由开放型的母亲，以鼓励代替限制来教导子女，希望孩子们能志在四方，更上一层楼，活泼和开明是她的特色。因此，送给射手座妈妈的母亲节礼物，可以是一起欣赏运动节目，或是短程的名胜之旅，还可以是随身携带的行动手机。

12. 摩羯座（12.22～1.19）

摩羯座妈妈，是沉默保守型的母亲，不多话不啰嗦，身教就是言教，是新时代严母的典型，任劳任怨是她的特色。因此，送给摩羯座妈妈的母亲节礼物，先是一句"辛苦了妈妈，我爱你"，再是消除疲劳的温泉浴或者养颜美容的健康食品等等。

送给父亲的节日礼物

每年6月的第三个星期天是父亲节，父亲为了养育我们付出了巨大的辛劳，在这一天向父亲表达一下我们的感激和敬意，是很有必要的。

1. 茶叶

人随着年龄的增长身体难免会得一些疾病，在爸爸生日的时候，送上一盒有利于身体健康的茶叶，爸爸一定会感动的！选一种适合他的茶叶。

让他的身体越来越硬朗，送什么东西都不如送健康！

2. 紫砂茶壶

大多数上了年纪的人都喜欢品茶，你就不妨投其所好送他一个紫砂茶壶，让他在品茶的同时也享有一份乐趣，每天喝茶的时候都能看到你的孝心！

紫砂茶壶

3. 如烟

每个人都知道吸烟是不好的，但是到真正想戒烟的时候就戒不掉了！为了老人的身体健康，你送给他个如烟是再好不过的了！让他用着的时候也要时刻提醒他"身体是革命的本钱"，要时刻想着戒烟才行哦！

4. 剃须刀

非常实用的礼物，每天都用得上，建议买全自动的，这样老爸用起来才方便嘛！买这东西也要注重质量哦，用起来舒适嘛！老爸用得舒服，当然特别开心啦！买剃须刀比较省心，一定用得着，又不用担心买错或者买了回去用不上！

5. 为老爸下厨

平时因为工作忙，多有应酬，那今天就让老妈歇一下，把厨房争取过来自己动手，为老爸亲自下趟厨房。手艺欠佳不要紧，关键在于你今天所做的饭菜已经多了一剂"调料"——对父亲的祝福。这肯定让老爸们吃起来感觉不同哦！

6. 躺椅和收音机

让老爸在工作之余，躺着眯上眼听他喜欢的节目，对他而言会是一种很不错的放松方式。

7. 时尚配件

皮带、包、领带，甚至护肤品……老爸永远不会承认他们缺这些，但如果你送给他，他应该会很高兴！如果你不透露价钱就更完美了。

8. 数码产品

手机当然是最实用也是最能让老爸满足"虚荣心"的选择。根据老爸的工作或者兴趣爱好，从 DV 到新款电动鱼竿等数码产品都可以。

9. 健康护照

可以通过网络寻找比较正规完善的诊所，让父亲做一次全面体检，也可由护士推荐；根据体检结果和他对医生的感觉选择私人医生。当然，如果已经有熟识的公立医院医生更是近水楼台。也可以送一张健身中心的年卡给他，甚至可以是父亲喜爱的单项运动的健身卡。而慢跑鞋很适合喜欢散步的老爸。

10. 保健品

送这个礼物需要对爸爸的身体状况比较清楚才可以送！

11. 寄张卡片或打通电话

打通电话告诉老爸你的关心和感谢。寄张卡片或把你的心意写在电子卡片上，让使人发笑的动画及贴心的文字替你传达心意。这对很多在外地工作的子女最合适。

12. 陪老爸聊天、玩乐

今天可是老爸的节日，暂时先推掉朋友的聚会，早点回家，不为别的就为跟老爸说说话。吃饭时陪老爸喝盅酒，饭后陪老爸散散步，晚上也不跟老爸抢电视了，这天凡事以爸爸为中心。

13. 用心说出三个字

当着爸爸的面或通过电话用心说："爸爸，我爱你！"爸爸可能会认为这是他收到的最好的礼物。

送给儿童的礼物

儿童礼物任你选

1. 多色彩的玩具，选购各种人物或卡通造型。

2. 芭比娃娃系列，许多小朋友以拥有这样的玩具而感到骄傲。

芭比娃娃

3. 游动物园、参观博物馆、逛公园，许多孩子都对这些场所感兴趣。

4. 马戏、球类比赛，适合送给有此类兴趣的孩子。

5. 乘火车、飞机或轮船旅行，许多孩子都渴望有这样的机会。

6. 显微镜，能培养孩子对微观世界的兴趣。

7. 自制故事书，由自己编写、绘图，并装订成册。

8. 迪斯尼经典卡通动画 DVD，每个孩子都渴望得到的礼物。

9. 儿童百科全书，孩子可从中学到许多知识。

10. 蜡笔、水彩、涂色笔及图画纸，适合送给对绘画感兴趣的孩子。

11. 夏令营活动，可使小朋友享受离家的乐趣，培养孩子的独立能力。

12. 舞蹈、游泳、体操、乐器、绘画、跆拳道或武术训练班，可根据孩子的兴趣选择此类培训班。

13. 溜冰场、快餐厅、游泳池或冷饮店的礼券，为游玩的孩子提供各种方便。

14. 高级的建筑玩具，可培养孩子的建构能力。

火车模型

15. 魔术拼板，此类玩具可益智动脑，趣味无穷。

16. 小火车模型组，最好是电动的，能在预设的轨道上自由运行。

赛车模型

17. 小型乒乓桌或撞球桌，模仿大人的游戏玩具，可由大人陪着一起玩。

18. 迷你钢琴，这种玩具也可弹奏完整的曲子，让孩子在娱乐中学习。

19. 迷你乐器组，包括铃鼓、响板、铃铛、三角铁及木琴等乐器。

20. 赛车模型，孩子都认为这是很酷的玩具。

21. 洋娃娃衣服，以孩子最喜欢的款式而定。

22. 迷你茶杯组合，供小朋友过家家用的礼物。

23. 属相存钱罐，可培养孩子的储蓄习惯。

24. 风筝，当风筝飞到高空时，

孩子一定会感到很骄傲。

25. 儿童版的大富翁、骨牌、棋类，适合全家陪孩子一起玩。

26. 足球、小型高尔夫球棒、网球拍和球、头盔、护垫、小篮球、棒球、排球，适合喜欢球类的孩子。

27. 小型的自行车、踏板车、滑板车，适合对各种车有兴趣的孩子。

28. 袖珍计算器，可帮助孩子进行各类运算。

29. 物美价廉的照相机，能培养孩子对摄影的兴趣。

30. 日记本，培养孩子写日记的习惯，日记本最好附有锁及钥匙，留给孩子一定的私人空间。

31. 音乐盒，最好选有轻快音乐节奏的音乐盒。

32. 雨帽、雨衣、雨鞋以及雨伞，上面绘有孩子喜欢的卡通图案。

33. 粗呢布旅行袋，不论是拜访祖父母或参加夏令营，都很方便实用。

34. 音乐钟，适合挂在卧室里，供装饰且实用。

35. 掌中型游戏机，方便外出时携带，随时可玩。

36. 小帐篷、食具、旅行包、睡袋，方便露营或者在野外过夜。

37. 装卸式模型和科学组件，能锻炼孩子的条理分析能力。

学习和艺术类礼物

通过玩具培养儿童的文学艺术爱好和科学兴趣，对他们的成长和发展是很有帮助的。

1. 地球仪。它不仅具有教学的效果，也可当作卧房中的一项摆设。

2. 适合小孩的电脑软件。从游戏到数学辅导的教学节目都有特别设计的软件。

3. 天文望远镜以及天文学丛书。

4. 一双溜冰鞋或舞鞋，以及相关的课程。特别对于年幼的孩童，可增强其肌肉的协调性。

5. 乐器（假使父母忍受得了噪声的话），并不特别需要购买任何名牌的乐器，一般大众化的乐器即可，如笛子、吉他或长笛等。

6. 固定的音乐课程。

7. 猜谜游戏。

8. 小黑板、板擦和粉笔。适合学龄前的孩童，让他们能够模拟上课的情形。

9. 绣有姓名的毛巾。除了姓名之外，还可加绣一些图案，如气球、足球、风帆等。

10. 儿童丛书。不论小朋友是否已具有阅读能力，选择一本儿童图书当做礼物，这个方向永远是正确的。比较困难的是该如何选择，在此提供一些书籍作为参考：

（1）神话故事。

（2）童话故事。例如《三只小猪的故事》、《小红帽》等。

（3）一本好的儿童字典有助于提高小朋友的学习兴趣。即使多年以后，使用性仍然不会降低（因为这类的字典多半图文并茂，连父母都喜欢使用它）。

（4）儿童百科全书。

11. 儿歌录音带或 CD。适合长途自驾游时播放给小朋友听。

开学日的礼物

一般小朋友们都很盼望着暑假的到来，但一到秋季开学前，他们又都迫不及待地想返回学校，而且一想到要采购新的文具，他们更觉得兴奋极了。不论你送礼的对象是新入学的小学生，或是刚好生日在秋天的小侄儿、侄女、外甥们，以下所列的礼物一定会让他们雀跃不已。

1. 餐盒或是印有卡通图案的午餐袋子。

2. 一套百科全书。尽管学习效果良好的百科光盘是很值得推荐的，但其实手里握着全套书籍的感觉也是相当不错的。

3. 背包。

4. 学校生涯大事记。这一本书可记录在学的"丰功伟业"，并贴上照片以示纪念。

5. 计算器。

6. 文具用品——订书机、订书针、胶带、文书夹、自黏性便条纸、橡皮筋、量尺、圆珠笔、铅笔（有特殊图案为佳）、修正液、橡皮擦、笔记簿、书套、粘胶棒等。请尽量发挥你的想象力，来组合一套文具用品，并将买好的文具装在背包里或置物箱里，甚至装在全新的小垃圾桶里也无妨。

7. 书桌。

8. 书架。

9. 娃娃。可购买现成的娃娃，如果觉得自己非常有创意，便亲自动手做一个。在手工艺品店可买到适合的图案，且使用的材质也琳琅满目。例如用扣子做眼睛、袜子做娃娃的身体等。

10. 造型特殊的儿童床。例如赛车造型，这类床可使小朋友每天晚上都盼望早点上床睡觉。

11. 杉木柜子。如果产品做工精良而且使用安全，通常可耐用一辈子。

12. 串珠组。可让小朋友亲手制作手链及项链，适合年长一点的孩童。请到手工艺品店，购买数量充足的绳子及不同颜色、大小的彩色珠子，然后装进有分格的盒子里。如果喜欢，也可在盒盖上，印上小朋友的姓名。

13. 填色簿及整套蜡笔。

14. 印有卡通人物的儿童餐盘、杯子及碟子等。

15. 录放音机。这项礼物最棒之处是下次还可接着送一些故事或歌曲的录音带。

串珠图形

给同龄人的礼物

青少年朋友挑选赠送给同龄人的礼物可不是件容易的事，这个年龄段的我们是很异类的族群，推己及人，哪些礼物最适合他们呢？以下礼物可以参考。

1. 以他的名义捐款给社会团体，培养孩子对公益事业的热情。

2. 跟孩子兴趣有关的杂志，有助于扩大孩子的知识面。

3. 各类适合的书籍，大量阅读对孩子的成长有利。

4. 某类他感兴趣的课程，不一定是必修的课程，可根据其喜好挑选。

5. 照相机是送给摄影爱好者的上好礼品。

6. CD存放架，许多青少年总有装不完的碟片。

7. 品牌的旅行箱，适合时尚一族做短暂旅行。

8. 游戏或教学用的电脑软件，极佳的娱乐和学习帮手。

9. 溜冰鞋或舞鞋以及相关的课程，适合舞蹈爱好者的礼物。

10. 大众化的乐器，如笛子、吉他、长笛，适合送给音乐爱好者。

11. 固定的音乐课程，适合所有的音乐爱好者。

12. 服饰购物券，可选择休闲服饰或青少年服饰专卖店，或者大型百货公司的礼券。

13. 音乐礼券，让他们择其所爱

吉他

的音乐磁带或碟片。

14. 体育用品店礼券，方便他们购买运动器材及运动类物品。

15. 各类保险或教育基金，为孩子的未来进行有目的的投资。

16. 博物馆或音乐会的入场券，可让孩子打发其假日休闲时光，同时可增加其文博知识和音乐修养。

17. 本城市球队的比赛年票，会带给孩子全新的愉悦感受。

18. 沙发床，白天可当沙发，晚上可当床。

19. 自行车，青少年不可缺少的交通工具。

20. 多功能电子计算器，进行各类计算的好帮手。

桃木梳子

21. T恤及棒球帽，最好选购与他喜欢球队有关的物品。

22. 紧身衣、鞋子、舞会和体操比赛用的服装，适合舞蹈和体操爱好者。

23. 珠宝盒、梳妆箱，这些私人化的物品备受女孩子青睐。

24. 坠子、手链，可在毕业典礼、生日等特殊日子到来前赠送。

25. 会员证，他所喜爱的团体和组织的。

26. 小型聚会，为其生日特别举办的。

27. 水族馆或天文馆的游览，可学到海洋、鱼类以及天文学知识。

28. 游乐场一日游，适合所有孩子的活动礼物。

29. 打电动玩具，适合年龄比较大的孩子。

30. 两天一夜的露营，地点选在郊外，多组织几个人。

31. 具有教学和摆设作用的地球仪，既能满足学习之用，又可成为书房或卧室的装饰品。

32. 发梳及镜子，最好是选购桃木、檀木或黄杨木制成的梳子。

33. 成套的相簿及相框，可将家庭或个人照片进行分类。

34. 吹风机、旅行用熨斗、发卷，式样小巧，方便出行时携带使用。

35. 皮夹、零钱包，款式时尚的最受欢迎。

36. 家传珍贵的戒指。如老祖母的戒指等，具有珍藏价值。

37. 表示友谊的戒指。价格不需要太贵，但须具有象征意义。

寻常之物别有情

哲学家路德维希·科拉哥认为："礼品赠受的冲动，来源于实际上或想象上的满足。"大凡向别人赠物送礼的人，都希望表达出自己的感情，并给对方留下深刻的印象。这段论述，形象地道出了人们赠送象征性礼品的实际目的。

象征性礼品既然重在"象征"二字上，所以其大多数为寻常之物。一片枫叶，能表达出你对恋人真挚的感情；一粒红豆，能准确地表达出你对情人的相思之意；一块石头，恰是地质队员送给亲朋好友的最佳礼品；一颗弹壳，也许是战士馈赠给别人的最高级礼品……可见，象征性礼品虽然多为寻常之物，但却往往寄托着恋人、朋友、亲人间的深情厚谊。

选择象征性礼品，一定要把握住礼品的象征意义，这样在赠送时加以说明，就会使受礼者有"千里送鹅毛，礼轻情义重"之感。如大学刚毕业的小李，就要告别同学到异地工作了。在火车站的月台上，大家拉着他的手依依惜别，火车就要启动了，这时一位好友匆匆赶到，气喘吁吁地送给他一个水杯，大声地向他喊："喂，你看看杯里装的是什么东西？"小李看了看回答道："什么也没有哇。""不，你再仔细看看，那里面装满了我们的友谊。"就这样，一只普通的茶杯，经过馈赠者的巧妙运用和设置的特定场景，却显得格外珍贵起来。

某大学几位女大学生邀请几位男同学到宿舍做客，一位女同学正儿八经地宣布：

"今天请诸君来没别的意思，只是想送给各位一件小小的礼品，务请笑纳。"

什么礼品呢？

不爱洗澡的 A 君，荣获香皂一块。

满脸胡须的 B 君，幸得刮脸刀一把。

衣裤开线的 C 君，收到一个针线包。

礼物的寓意显而易见。

几天之后，A、B、C 君的形象焕然一新。小小礼品，有情有义，让人在轻松的一笑中感到有暖流在心头掠过。

有一对相处了半年多的恋人，两人感情基础很好，但由于男方为大学毕业生，而女方仅仅高中毕业，所以女方总觉得自己学历太低，怕配不上对方。在经过激烈的思想斗争后，给男友寄出一封信，信封里装有一枚邮票，图案是飘零在水面上的桃花，其象征意义为"无可奈何花落去"。男友接到信后，马上明白了她的心意，随即就给她回了一封信，信的里面也是一枚邮票，这张邮票的图案是两只在一起高飞的燕子，其象征意义为"似曾相识燕归来"。女友收到信后，马上打消了心中的顾虑，最后两人终于结为伉俪。具有象征意义的特殊礼品——邮票，在这里巧妙地起到了消除误会、联络感情的重要作用。

象征性礼品既然多为寻常之物，所以其实质上可称为"精神馈赠"，所以朋友们就应该让其具有特殊的意义，让每一件象征性的礼品都能引出一段隽永和美好的回忆！

茶酒作礼送长辈

对于中国传统节日来说，酒茶作礼，常送不厌。节日礼品的选择并非易事，但以酒茶作礼，送给长辈，却是常送常新。

节庆活动本来就与酒分不开。端午有雄黄酒、艾叶酒、菖蒲酒，重阳有菊花酒、茱萸酒，春节有椒酒、柏叶酒，至于逢年过节为亲朋好友送上两瓶名酒、特色酒，更是常事。今天以一瓶茅台酒作礼，已算重礼了。茅台酒酒色晶莹透明，酱香突出，醇和浓郁，幽雅细腻，味长回味，所谓"风来隔壁千家醉，雨过开瓶十里芳"。宜宾五粮液被公认为节日送礼佳品，它不仅享誉国内，还常常在国庆期间被我驻各国使领馆作为赠送珍品和宴请国际友人。这种酒醇厚、绵甜、净爽，开瓶时，香味突起，香逸四座，饮酒后，余香不尽，陶而不醉。在节日里，为老年人带上一瓶北京同仁堂的名贵药酒，也不失为一种较好的节日礼品。

节庆送酒，经久不衰，与我国的礼俗有关。每逢节庆，人们都喜爱亲友共酌，举杯痛饮。以新春举杯为例，清人顾禄的《清嘉录》说苏州一带的年节酒自元旦饮到元宵。

在我国，节庆期间，以茶作礼，也十分普遍。以茶作礼，不觉礼之轻，反为情之重。唐代刘禹锡有《西山兰若试茶歌》："骤雨松风入鼎来，白云满碗花徘徊。悠扬喷鼻宿醒散，清峭彻骨烦襟开。"好茶不仅入诗，而且已成为人民生活和节庆文化中的绿叶，似已不可缺少。

节日期间，给亲朋好友送上一听龙井茶，不失雅意。龙井茶和碧螺春属绿茶，铁观音属乌龙茶，作为节日礼品，当然受到欢迎。也有选祁门工夫、滇红工夫、宜红工夫、川红工夫等工夫红茶，银针白豪、白牡丹、贡眉等白茶，君山银针、蒙顶黄芽、广东大叶青等黄茶，老青茶、六堡散茶、普洱茶等黑茶，沱茶、竹筒香茶、米砖茶等紧压茶，茉莉花茶、桂花茶、玫瑰花茶等花茶，等等。茶叶七彩生辉，把它作为节日礼品无疑增色添香。

此外，茶能明目，止渴生津，清热，消暑，解毒，消食，醒酒，去肥腻，下气，利水，通便，治痢，去痰，祛风解表，坚齿，治心痛，疗疮治瘘，疗饥，益气力，延年益寿。茶对人体存有百利，何不以茶作礼呢？

星座与礼品

宝瓶座 [1月20日~2月18日]

宝瓶座的人是精神性的动物，是12个星座中最重视精神的，所以对物质的欲望较低。宝瓶座的人，不愿意受感情上的丝毫束缚。他时而异想天开，幽默过人，时而又冷若冰霜，令人费解，这常常是一个不易相处的人。有优秀的推理力和创造力，客观、冷静，善于思考，思想博爱，讲求科学、逻辑和概念，价值观很强。是一个对超能力、超自然现象会积极证明，忠于自己信念，又令人难以捉摸的人。

礼物清单：

一件印有可爱图案或运动人物或数字的帽子、T恤；一只运动型多功能的手表，一双休闲运动鞋；一个具多功能的万用手册；一条温暖的围巾；一条精致的手链或脚链；一个可爱的毛茸茸的玩偶；一份造型奇特的香水组合；雅致的条纹衬衫。

围 巾

双鱼座 〔2月19日~3月20日〕

双鱼座的人温柔优雅，他们拥有体贴和善解人意的细腻心思，令人觉得十分贴心，他们的包容力很强，又会照顾人。"礼轻情意重"这句话对浪漫又善解人意的双鱼座的人们最管用，他们通常不在乎礼物的价格，而在乎的是送礼的人是否用心。

印象派油画

礼物清单：

一件品位优雅的艺术品；一顶柔软高尚的羊毛帽；一双温柔的手套再加一条暖烘烘的围巾；一组精致的银制烛台、餐具；一个造型独特的相框；一件柔软的羊毛外套和小背包；活泼毛线帽、可爱的围巾。

白羊座 〔3月21日~4月19日〕

白羊座的人反应灵敏，心直口快，往往能在最紧张的时刻，博人一笑。然而过于敏捷的反应有时也会惹出麻烦，他的脑筋动得太快，常常像脱了缰的野马，不受逻辑的束缚，不过在面临抉择时，总能快速而正确地下判断。他精力充沛、外向、厌恶单调、不愿受到限制。但是实际上，只要有充分的自由，无论是工作上或人际关系上，都能有最好的表现。

礼物清单：

一条很别致的腰带；一只很特殊的钢笔；一条有雅致印花的领巾；一只造型特殊的珍珠别针；一瓶刚上市的名牌香水；一个造型独特及质感十足的手提皮包；一条图案别致的丝巾；一件质感及设计具品味的外套或毛衣。

领 巾

金牛座〔4月20日~5月20日〕

金牛座的人脚踏实地，无法忍受浪费挥霍的事情发生。注重实际性的他们喜欢收到的礼物是可以马上就用得上的东西，一点也不会浪费掉，愈实用愈开心。

帽　子

礼物清单：

一瓶综合维生素；一条图案大方的领带；一个小牛皮的皮包；一套保养品；一双休闲鞋或布鞋；一件大方的毛衣；一顶舒服可爱的帽子。

双子座〔5月21日~6月21日〕

双子座的人活泼开朗，求知欲旺盛，点子又多，若只是送他一样礼物，他可能不会觉得新鲜，反而觉得十分乏味，因此，最好用点心思，送他一组礼物，多样性与实用性混合，他可就会开心得笑不拢嘴，把玩个几天也不厌倦。

礼物清单：

一组文具；一盒益智游戏组；皮鞋、皮带、休闲背包等；一组小香水礼盒；一盒多种口味造型的巧克力；一个化妆品礼盒。

巧克力

巨蟹座〔6月22日~7月22日〕

巨蟹座的人生性多愁善感，他常会为过去那段美好的日子而缅怀不已，不过他也能充分掌握现在，巨蟹座的人具有不屈不挠的意志，一旦拟定计划，必然付诸实际行动。巨蟹座的人易有极端的情绪化表现，他们的情绪阴晴不定。他们热爱事业，同时重情爱家，珍惜爱情，并真诚待友。巨蟹座的人有包容心，一般不会为了一点芝麻小事而耿耿于怀，具有容人的雅量，很少拒人于千里之外，再加上其有礼貌、善交际、富幽默感之迷人个性及对人道主义的尊崇，会有许多朋友。事实上巨蟹座的人经常会在强悍的外表下，隐藏着一颗柔弱的内心。

台　灯

礼物清单：

两个心形的甜蜜靠垫；一盏造型柔和的台灯；一套棉质的休闲服装；一瓶口味佳的香槟酒；一条柔软舒适的地毯；一件全白色棉质的浴袍；一对可爱的毛绒玩具；一套色彩缤纷的指甲油。

狮子座〔7月23日~8月22日〕

狮子座的人骄傲又爽朗，总是众人注目的焦点。爱出风头的他，常让人觉得有点遥不可及，其实他很脆弱，需要人的疼爱、支持和依靠。爱好热闹的他，最喜欢华丽、令人开心的礼物。

礼物清单：

四五个彩色缤纷的可爱气球；一件名牌衬衫；一个亮丽包装的时髦皮夹克或皮背；金光闪闪的打火机或手链；一大串缤纷可爱的气球；九十九朵玫瑰花；一个包装精致的皮背包；流行的长靴；背心裙。

手　链

处女座〔8月23日~9月22日〕

处女座的人是完美主义者，重视精神生活，不会对物质生活有超出能力的向往。送给他们的礼物要别出心裁。另外，如果不是完全了解他们的品位，千万不要轻率地送贴身的礼物，否则一番美意可能地得到相反的效果。

郁金香

礼物清单：

一张粉粉柔柔的卡片，上面写满了你对他的思念和真情；一束亲手做的缎带花或自己做的小玩偶；一顶温暖的毛线帽；一束郁金香或紫色的玫瑰花。

天秤座〔9月23日~10月22日〕

天秤座的人聪明又理智，他条理分明、实事求是的精神，令你又爱又受不了。凡事以自己的卓越智慧和直觉对认何人和事物下判断，太过理智的他，对凡事都要求平衡、和谐、完美，当然送他的礼物要特别重视质感和特殊性。

礼物清单：

一组高级进口的咖啡杯组，色彩特别、造型别致；一个造型新鲜的煮咖啡壶，利落的线条和质感特别重要；一件纯羊毛的外套，质轻、柔软，剪裁又佳；一对细致的茶杯组，色彩鲜明，图案精美别致；一件丝质的柔美衬衫，舒适又具有女人味；一个鹿皮的小背包，手感温暖又优雅；一件秀气的柔软毛衣。

茶杯组

天蝎座〔10月23日~11月21日〕

天蝎座的人外表冰冷内在热情，富有好奇心，很有眼光。他们天生具有吸引别人的磁力，周身散发着活力、刺激而迷人的气息。虽然天蝎座的人天生不乏推理及分析的能力，能够一眼看穿自己所面临的难题，但是他的直觉感应却更为敏锐，因而往往会有不按牌理出牌的表现。他们是很卓越健谈的人物，很受欢迎，表现出独立而井然有序的精神及敏锐的外交能力。

古董表

礼物清单：

一双具有男性性感魅力的皮鞋；一件正式的名牌衬衫；一张巨型的古董车海报；一只古董表、吊带；一瓶造型佳、味道十分甜美的香水。

射手座〔11月22日~12月21日〕

射手座的人喜欢自由与户外活动，心思运转很快，往往同时将精力分散于多样事务，而不愿集中在单一目标。他们冒险心旺盛，喜欢交朋友、旅行，讨厌受束缚，追求一种自由奔放的人生。虽然不拘小节，但他们运筹帷幄的本领却高人一等。只要假以适当的栽培和纳入正轨，他们在心智上的表现绝对是第一流的！遇到困难时，他们最擅长拐个弯，而后以全新的角度找出克服的方法。他们的观念常会突破传统的窠臼，予人耳目一新之感。

礼物清单：

一对具质感的袖扣或领带夹；两件情人装；一束鲜花外再一盒巧克力和一双温暖的手套。

魔羯座〔12月22日~1月19日〕

摩羯座的人安静而又守本分，做事谨慎踏实又有计划，但是在内心深处却藏着极端的心，一为积极、热情的个性，对自己喜欢的人或工作，那股不服输的劲，令人刮目相看；另一为冷淡不耐烦及脱轨的不屑态度，而不会勉强自己去接受不认同的事物，因此送他礼物时，以象征意义代表浮夸华丽的情感为原则。

礼物清单：

一件舒适的纯羊毛毛衣，一条图案正式的领带，以中性系为主；一本照相本，写下一些祝福的话和你们合拍的照片；一瓶味道清柔柔的茉莉花香香水；一本可表达你的心意的日记本；一条心形的项链，或手表、戒指；一副复古的太阳眼镜。

领　带

礼物之最

最高尚的礼物——书籍

但丁说："知识就是力量！"随着人们物质生活水平的提高，人们已经将目光逐渐转移到精神食粮上，于是，书籍这一精神食粮的主要载体，便堂而皇之地加入到礼品世界之林，而且以其高雅、实用等特点备受人们的青睐。

以书为礼，互为赠送，比之高级补品、几斤糖果所蕴含的内容要丰富得多。人们常说：书是无价之宝，送多送少其意义都非同寻常。送点内容健康、格调高雅的书，既不失送礼者的面子，也能令送礼者心安，给人一种相互受益、互为分享的美好印象。

书籍种类繁多，五花八门，在如何选择礼品书的种类上，一些人可能会进入迷宫。因为，礼品书的选择是一门很讲究的学问，不仅反映了送礼者的学识、修养、人格等诸多方面的综合水平，也体现出对受礼者的一片关怀和爱护之情，使人在惬意的氛围中获得一份向上的力量。

1. 送给少年儿童的礼品书

孩子是祖国的花朵、未来的希望，送给孩子的礼品书，要适合他们的特点。一则可以让孩子们学些知识，丰富他们的课外生活，二则可以使孩子从小树立学知识、爱科学的良好习惯，这将使他们终生受益。

送给少年儿童的礼品书目前很多，如《哈利波特》、《三千年人物智慧故事》、《世界五千年》、《中国四大古典文学名著绘画本》、《中国上下五千年》、《新编十万个为什么》、《世界童话名著连环画》、《世界科幻名著故事》等。

2. 给中青年朋友的礼品书

送给中年、青年朋友的礼品书，也应考虑到他们的志趣与爱好。一般来说，青年朋友风华正茂，正处于多彩的梦幻时期，有对事业的渴求，对甜美爱情的向往，对美好明天的憧憬……这一时期正是人生观形成、心理转折较大的时期。送给他们的礼品书，应该选择一些有关探讨人生价值方面或一些引人积极向上的书籍，以便于他们形成正确的人生观、世界观。如《名人传》、《青春之歌》等等。

而中年朋友已成家立业，往往处于事业的攀登阶段，家庭负担对于他们而言较重，上有老人需要赡养，下有幼儿需要抚育，所以中年人的生活时常感到很累。有时也会莫名其妙地产生一些烦恼。针对中年朋友这些情况，送给中年朋友的礼品书，可选择一些介绍有关事业成功的秘诀、如何处理好家庭关系方面的经验总结之类的书。

3. 送给老年人的礼品书

老年是人生之旅的最后一个驿站，是历经世事坎坷，拼搏进取之后的休养期，同时它更是人生一段比较美好的时期。"最美不过夕阳红"嘛！人在步入老年期，卸去沉重的工作负荷之后，便开始寄情于山水、娱乐之间，或养鱼养花，或读书下棋，或保养身体……所以，给老年人送书，就应牢牢抓住老年人退休后的种种心态：如给身体不太好的老人选送些介绍健康养生知识之类的书，会使老人顿感温馨及被尊敬；给养鱼弄花的老人可送养鱼、种花常识之类的书，会使他感到被理解、被支持，更增加了他在这方面的兴趣；给喜欢下棋、书法的老人可送些有关书道、棋道一类的书，则会使老人产生一种被承认与被认可之情。总之，送给老年人的书籍，一定要符合老人的心态，使老年人在愉悦的心情中，十分高兴地接受这种高雅而实用的礼品。

最贴心的礼物——贺卡

逢年过节相互赠送贺卡，人们乍听起来都会认为是"小儿科"——孩子们玩的把戏。如今这种孩子们玩的把戏，也被成年人玩得淋漓尽致了，而且它的意义已远远超越它自身的价值。小小贺卡，已成为增进友谊、密切交往、表达敬意、鼓励进步、交流感情的"特使"。

中国人可以说是制造和赠送贺卡的鼻祖。在古代，文人雅士喜欢互赠诗文和书画，互相欣赏，相互切磋。这些写在纸上和绘在纸上的诗文和书画，可以说是最原始的贺卡。

贺卡除在礼品商店购买外，还可以自己动手制作。自制的贺卡，五彩纷呈，更具有特色。

无论是购买贺卡也好，自制贺卡也罢，都有一系列关于选择的问题。

1. 赠送时机的选择

贺年卡用于庆贺新年或春节；圣诞卡用于庆贺圣诞节；生日卡用于庆贺对方生日；"迷你卡"则平时就可赠送。有特定内容的贺卡最好让对方在相应的节日当天或提前几天收到。因此，要选择合适的时机寄出，过早了，给对方带来提前喜悦；太晚了，就没什么意义了。

2. 图案色调的选择

赠送贺卡，除了表达自己的心意，更为了给对方带去快乐，考虑对方的喜爱，投其所好，才能达到目的。这就要依据接受贺卡的对象的个性、爱好和职业等，来选择贺卡的图案、色调以及样式。色调艳丽、图案活泼的，最好送给性格活泼的人；色调较冷、图案深奥的，适宜送给性格

内向的人；赠给一个文静、深沉的女大学生，不妨选择白色或淡色，图案雅致的；给儿童的贺卡，最好选择色彩和图案艳丽的，以卡通形象为佳。

3. 贺卡祝词的选择

在赠送贺卡时，一般都要填写贺卡祝词。那么怎样选择合适的贺卡祝词呢？有的人为了表达自己对对方的良好祝愿，在贺卡上选写了几句令人欣慰的话。如："祝愿工作顺利，身体健康，万事如意"等一类的祝词。这些都是可以使用的。但如果是千篇一律，不管是谁一概而用之，就未免有些太死板了，应根据对方的特点，因人而异，用些新名词。

首先，要根据对方的身份、职业特点来选填祝词。比如对方是个学生，学生的主要任务是学习，因此给他们送卡，其贺词就要紧紧围绕着学习这一主题展开。如可使用"祝您在新的学年里学习进步，成绩优异"等之类的话。如果对方是位做生意、经商的人，其贺词可用"祝您买卖兴隆，生财有道"或"心想事成"之类的吉祥话，对方看了心里会高兴，并有助于经营业的发展。而给其他行业的人，如工人、军人、教师、作家、新闻编辑等，送卡祝词就不见得都能使用上述词句。可根据他们从

事工作、行业的特点，选择适合他们身份特点的话，这样对方才容易接受，并能激励、推动对方好好工作，新年再创新成就。

其次，选择贺卡祝词还要考虑到对方的年龄特点，也就是对年长者和年少者要用词有别。比如给未成年的儿童写贺卡，其贺词就应选择适合儿童口吻的话。如使用"祝你随着年龄的增长，玩有收获，学有长进，越来越变得懂事可爱"。这样能唤起儿童的进取心，对他们走向成熟有好处。而给中、青年人送卡，其贺词应根据中、青年人是社会各行各业的中坚栋梁之特点，选取对他们有激励的话语。如可用"祝您而立之年大显身手"、"不惑之年再创辉煌"等。让他们感到自己位置的重要和责任的重大。使他们能够加倍努力工作，不断创出新成绩。给年迈老人送卡，其贺词应从关注他们的身体健康角度出发，选择祝愿他们长命百岁的词句。如"祝您老人家岁岁平安，身体无恙，健康长寿"之类的话，力求让老人看到或听到这些祝福的话语，不仅从心灵上受到感应、高兴，而且对人生充满了信心和勇气，达到延年益寿的目的。

贺卡祝词，还可选用名人名言。因为凡古今中外的名人名言大多都有深刻的哲理性和强大的感染力，有的能令人领悟人生的真谛，有的犹如警钟长鸣，恰似心灵的净化剂；有的则能启迪思维，催人奋进。名言文化博大精深，名言效应潜移默化。

最精致的礼物——工艺品

工艺品的包括的范围很广，如雕刻品：贝雕、木雕、玉雕、牙雕等；缝制品：墙上挂的壁毯，带有象征意义的布娃娃等；陶瓷工艺品：瓷瓶、瓷马、瓷人等；染织工艺品：毛毯、手帕、带有美丽图案的床上用品等；家具工艺品：制作精美的床头柜、绘有图案的屏风、考究的仿古衣帽架等。可谓千姿百态，令人数不胜数。

工艺品作为一种礼品的形式出现，可追溯到古代。那时人们赠送工艺品，往往是一种高品位和财富的象征，《红楼梦》中贾府里的人就常常馈赠和接受工艺品。如第十五回中有这样一段："北静王又将腕上一串念珠卸下来，递与宝玉道：'今日初会，仓促无敬贺之物，此系圣上所赐蕶苓香念珠一串，权为贺敬之礼'"。这里的蕶苓香念珠，即为一种工艺品。现在，随着经济的发展，文明程度的提高，工艺品礼品已为越来越多的人所接受和钟爱。这种工艺品礼品可把亲友与自己的居室装点得更加活泼和绚丽多彩。

赠送工艺品礼品，一般要根据受赠人居室的特点来选择礼品的品种。并要了解受赠人的修养和情趣，如馈赠对象修养及层次较高，不妨选一些高雅艺术品，如贝雕、景泰蓝等，这样会使受馈赠者觉得你的境界很高，容易在心理上产生"英雄所见略同"之感，从而会很愉快地接受馈赠，并且会在心灵上能更好地与你沟通。居室的特点对选择工艺品礼品也起着举足轻重的作用，如受馈赠者居室较大，你可以选择一些气势宏大的工艺品，像大的壁毯、大的屏风等，如受赠者的居室较小，你可以选择制作精美、小巧玲珑而又具超凡脱俗之气的工艺品，像送一些风格独特的陶瓷笔筒置于朋友书桌案头，会使其顿感友情深重、鼓舞之意，或送一只刻有精美图案、内插一束亮丽鲜花的花瓶，摆在朋友卧室的床头，使其时刻涌起一股爱的温馨。

现在，自制的"工艺品"作为礼品赠送，正在都市的青年人中悄然兴起。如某市一位青年知识分子结婚，其亲朋好友送来的礼物可谓千姿百态，色彩纷呈。这些礼物中，有相当一部分是送礼人自己用各种原材料加工而成的"工艺品"，有用彩线绣制的"鸳鸯戏水"图案的方巾，有

用各种颜色的彩纸叠制的风铃等。个人自制的"工艺品"礼物，有的虽不是很考究和贵重，但因为出自送礼者个人之手，具有明确的唯一性，因而又极受欢迎。

最有特色的礼物——纪念品

祖国的山河壮丽多姿，有塞北的浑厚、江南的秀丽、泰山的雄伟、华山的险峻、恒山的幽静、黄山的奇峭，长江的奔放、西湖的碧翠……古往今来，有多少游人为这美不胜收的大好河山所陶醉，从而激起对伟大祖国的热爱；又有多少矢志求学之士，在"读万卷书"外，"行万里路"，游险览胜，"问奇于名山大川"，扩大了视野，丰富了知识，启迪了智慧，开阔了胸襟，从而使思想情操得以陶冶，才华得以展现，在学术事业上取得巨大成就。

旅游，一个吸引青年人去体味"外面的世界很精彩"内涵的字眼，是那样牢牢地抓住青年人的心，使他们心驰神往。可是，年轻的朋友，你们在旅游祖国的大好河山时，可千万别忘了带回一些有意义的旅游纪念品。因为它不仅是勾起你美好回忆的证物，更是你旅游归来后馈赠朋友、亲人、情人的最佳礼品。

我国旅游胜地众多，旅游纪念品

品种繁多，几乎每个旅游胜地都有代表本地特色的纪念品。为了使青年朋友对祖国各地主要旅游地区的纪念品有所了解，以便购买时有所选择，现将其列举如下：

北京：翡翠、景泰蓝、古董、字画、皮革、金石印章、象牙制品。

天津：地毯、泥塑、木雕、风筝。

上海：丝织品、茶具、珠宝、刺绣、地毯、中药。

苏州：双面刺绣、檀香扇、真迹拓本、金银制品。

杭州：檀香扇、木制品、龙井茶。

南京：云锦、茶具、雨花石、南京板鸭。

无锡：丝绸、紫陶、泥塑。

扬州：漆器、首饰、剪纸。

广州：端溪砚、墨砚、象牙制品、中药。

长沙：瓷器、菊花石雕、刺绣。

桂林：水墨画、竹和柳枝制品。

昆明：铜制品、象牙制品、刺绣。

成都：银制品、陶器、刺绣。

西安：碑林拓本、拓摹字、挂画。

兰州：夜光杯、骆驼毛织制品。

洛阳：唐三彩、宫灯。

青岛：啤酒、贝壳制品。

长春：玉石雕刻、羽毛画。

选择旅游纪念品作为馈赠礼物，通常是选择最能代表旅游胜地特色的纪念品。不过由于馈赠的对象不同，选择的旅游纪念品也应不同，否则就可能产生不同的效果。例如小李和小张同到北京出差，听说北京的金石印章很有名，两人各买了一枚。回去后，小李将其作为礼品赠送给了未来的岳父，因为小李知道准岳父喜欢收藏印章，所以投其所好。他说："伯父，这次出差到北京，也没给您带什么贵重的礼物，知道您喜欢收藏印章，而我到北京后听说该地的印章十分有名，所以买了一枚，也不知合您意否。"诚恳的态度、巧妙的话语，使小李在准岳父的心中留下了良好的印象，从而使小李的爱情得以顺利发展。小张将所买的金石印章作为礼品，赠送给自己的情人。由于他很盲目，认为只要是北京的特产情人就一定会喜欢，殊不知情人对此根本不感兴趣，而小张在赠送时又大讲特讲印章的艺术，从而使情人更加厌烦，这样就使两人的关系蒙上了一层阴影。由此可以看出，选择旅游纪念品作为馈赠礼物时，需要仔细考虑。

另外，关于礼物之最还有以下一些说法：

最便宜的礼物：祝福短信，只要几毛钱，这也是大多数人的选择。

最有档次的礼物：艺术品，选择的空间很大，瓷器、书画，各种价格和品味，不同艺术家的作品都可以。

最温馨浪漫的礼物：花卉。

最健康的礼物：茶叶。

最实惠的礼物：食物，能吃的当然是最实惠的。

最流行的礼物：红包，谁收到红包不心花怒放呀。

最有爱心的礼物：内衣，送家人保暖内衣，最温暖。

礼物寓意

花儿——我希望把我的名字放在你的心上。

书——我相信你很聪明。

口香糖——我希望跟你交往得很久。

伞——我在任何情况下都要保护你。

发夹——希望你成功。

镜子——你别忘记我。

打火机——相见恨晚，感情炽热。

钥匙装饰品——我希望你幸运。

钢笔——把我们的友情珍藏在我的心。

吉祥物——我想跟你做个朋友。

手套——希望给你温暖。

手帕——我等待分别以后再相遇。

日记本——我希望把我们两个人的回忆珍藏在心。

相册——永远珍藏你和我的回忆。

送领带——你把他套牢了，让他永远在你身边不离开

风铃——分别。有思念、想念的含义。

永不过时的鲜花礼

同学生日、获奖、教师节，给同学、老师送束鲜花表示问候或祝贺是一种比较普遍的现象，以鲜花为礼，并不贵重，却表达了一种美好的情愫，是一种最常见、最便捷、最好不过的馈赠之物。因此了解花的相关知识，对于我们在不同场合不同情景中送对花送好花是有借鉴价值的。

花与观赏

鲜花怎么会形成如此丰富的花语呢？作为客观世界中的鲜花并不存在花语，花语的产生是人为的。生活在大千世界的人对鲜花有着全方位的接触，不同的角度，产生不同的着眼点，于是也就产生不同的感受，也就会对鲜花有所寄情。全方位的汇合交融，就构成了鲜花的基本花语。那么，花语的构成主要来自哪些方面呢？归纳起来主要是季节、人格、宗教、观赏、色彩、典故等。

鲜花使人赏心悦目，自古以来很少有人见到鲜花会产生反感情绪。于是，观赏花木便是人性的一种本能的表现。

花是美的，人们在对花的欣赏中，加以联想，不同的生活经历，不同修养，不同处境，对鲜花产生的感受是不同的。花语，是鲜花与观赏者心灵沟通的产物。李渔作《闲情偶寄》，有"花草随笔"一栏，专门教人应该如何赏花。在李渔的眼中，水仙是一位绝代佳人，他是这样描绘眼中所见的水仙的："其色其香，其茎其叶，无一不异群葩，而予更取其善媚。妇人中之面似桃，腰似柳，丰如牡丹、芍药而瘦比秋菊、海棠者，在在有之。若如水仙淡而有姿，不动不摇而能作态者，吾实未之见也"。

海棠花

正因为"实未之见也"的缘故，李渔把水仙视之为"予之命也"。有一年春天，李渔想买水仙，苦于没有钱，人家劝他说："一年不看此花，亦非怪事。"李渔却说："汝欲夺吾命乎？宁短一岁之寿，勿减一岁之花。且予自他乡冒雪而归，就水仙也。不见冰仙，是何异于不返金陵，仍在他乡卒岁乎？"最后，李渔还是典卖了簪珥购买水仙。

水仙素有"凌波仙子"的美称。它的鳞茎洁白如玉，而叶子似绿带翠羽，清奇超逸，堪称花中极品。李渔的钟情观赏，更把"凌波仙子"的容貌描绘得楚楚动人。

为什么有的人对鲜花的美貌能发掘得如此深刻呢？及时赏花是最重要的，这便是李渔赏花的经验。李渔曾谈到他是怎样欣赏玉兰花的。他说："玉兰只需一宿微雨，尽皆变色。"又说："群花开谢以时，此则一败俱败，半瓣不留。语云：'弄花一年，看花十日，为玉兰主人公，常有延伫经年，不得一朝盼望者，讵非香国中绝大憾事。'故值此花一开，便宜急急玩赏，玩得一日是一日，赏得一时是一时。"这样就能对鲜花之美得到充分的发掘，并在原有的基础上不断有所发现。花语正是在这种发现的基础上铸造而成的。

赏花的艺术还在善于借景，而不

玉兰花

能是孤立地观赏某一种花而不及其他。鸡冠花的花语是"好强"、"刚毅"，就是因为它的花形酷肖鸡冠的缘故。欣赏中以花的形态而联想到景物，能使花的意境豁然开朗。这亦是李渔观赏花卉的妙法。故他赏蝴蝶花，则能得庄周的梦境："此花巧甚。蝴蝶，花间物也，此即以蝴蝶为花，是一是二，不知周之梦为蝴蝶欤？蝴蝶之梦为周欤？非蝶非花，恰合庄周梦境。"可见，鲜花的观赏要能有所发现，还需要观赏者独具慧眼。

我国历史悠久、幅员辽阔，虽然仁者见仁，智者见智，形成的花语多样，但又是统一的。所谓多样，即一种鲜花，往往并不能用一句简单的话表达清楚，如牡丹花，它的花语可以是"国色天香"，也可以是"管领春风"，也可以是"荣华富贵"。但又是统一的，这些不同着眼点所作出的花语，都出自牡丹是"花王"的地位。这种统一也正基于中华民族的文化、伦理是一脉相承的传统。

花的谐音

谐音组合，就鲜花名称的字音与吉祥语的字音是同声同音，或是相似音，以此取鲜花与吉祥语相合。

一品清廉——一枝莲花。

莲花是花中君子，出于淤泥而不染。"青莲"和"清廉"是同音同声。

莲　花

平安长春——月季花与翠竹的组合。

竹，有竹报平安的意思。《谈闻录》记载：西方山中有山魈，身高丈余，人见之必病。有一个姓李的人，将竹子点燃，竹子在燃烧过程中，发出爆裂声，便把山魈吓跑了。以后，在过新年的时候，就有点燃爆竹的风俗。有句云："爆竹声中一岁除"。"爆"与"报"同音同声。月季花是四季常开，亦称长春花。

夫荣妻贵——桂花与芙蓉花组合。

"芙蓉"和"夫荣"，是音调相近。"桂"和"贵"是同音同声。

群仙祝寿——寿石与水仙、翠竹组合。

数枝水仙，寓意为"群仙"，

桂 花

"竹"与"祝"音调相近。寿石,寓意长寿。

寿献兰荪——兰花。

《花镜》中云:"兰又一种,其叶较兰稍阔而柔。花开紫白者名荪"。"荪"和"孙"是同音同声。兰为"香祖",和"荪"合在一起,便是祖孙之意。

必得其寿——寿石与玉兰花组合。

"玉兰花"又称"木笔","笔"与"必"是同音,寿石是长寿的寓意。

兰桂齐芳——兰花和桂花组合。

东晋谢安比子侄为芝兰;五代的窦禹钧的五个儿子被称为"五桂",因而后世把子孙称为"兰桂"。

花的吉祥性

吉祥性是鲜花首要的基本的特点要求。不论哪个国家,哪个民族,也不论属于哪个阶层,人们都向往能获得吉祥。吉祥包括哪些内容呢?经过数千年来的社会生活的实践,形成了最具概括性的四个字:福、禄、寿、喜。

福,表现在五个方面:长寿、富贵、康宁、品德优、命运佳,有"五福"之称;寿,就是长寿;禄,就是富贵;喜,就是家庭事业上取得成功。

福、禄、寿、喜,是几千年来人们祈盼的目标,然而对大多数人说来都是难以实现的。这除了实际水平的因素之外,还在于期望值总是高于现实。于是鲜花花语的基本内容就是祝愿人们在福、禄、寿、喜等方面能获得更多。

牡 丹

鲜花的花语除了通用地能表达这些方面的祝愿之外，有的花语还是有侧重地表达某一方面的吉祥意义。如牡丹最能代表富有。唐代李正封诗："国色朝酣酒，天香夜染衣"，牡丹就有了"国色天香"的美誉。白居易诗："一束深色花，十户中人赋"，又道出了牡丹花的身价。故周敦颐称牡丹是"花之富贵者也"。花语表达的内容，本是人们寄托情感的反馈，而吉祥正是人们共同的心愿。

花的象征性

不同鲜花的花语，内容是不相同的。例如：牡丹象征富贵、昌盛；菊花象征健康、长寿；荷花象征纯洁、无邪。

但这些鲜花与所表达的花语含义之间，不能用等号来连接，这就是说

康乃馨

牡丹不等于富贵，菊花不等于长寿，荷花不等于纯洁。鲜花与表达的花语内容，是象征意义的，体现的是仿佛是什么，好像是什么。这种象征性正体现了花语是人们对鲜花寄情的结果。

由于鲜花的花语是象征性的，所以其表达的意义并不是限定在一定是怎么样的，这就给花语带来延伸和扩散的方便。康乃馨的花语是母爱，是母亲节的专用花，但康乃馨并不是除了献给母亲之外再也没有别的用场。相反，其他场合应用得更广，表示爱恋、祝贺、慰问等等几乎没有一处是用不上康乃馨的。

具有象征意义的花语，它的产生也不是偶然的，主要是花卉的形质所决定的。如荷花，它象征纯洁，正是因为荷花的颜色雅洁无瑕，出淤泥而不染。又如菊花，能治头风、明耳目、去痿痹，使人延年益寿，所以象征健康长寿。

花数的象征意义

1 朵表示你是我独一无二的好友。

2 朵表示世界上我们俩是最好的朋友。

4 朵表示誓言、承诺。

5 朵表示无怨无悔。

6 朵表示愿你一切顺利。

7 朵表示喜相逢，无尽的祝福。

8 朵表示弥补，深深歉意。

9 朵表示忠贞不渝的友谊。

10 朵表示完美，十全十美。

11 朵表示一心一意。

12 朵表示心相知，每日想起对方。

17 朵表示好聚好散。

24 朵表示思念。

33 朵表示我们的友情三生三世不改变。

44 朵表示友情至死不渝。

66 朵表示一切顺利。

77 朵表示相逢自是有缘。

88 朵表示用心弥补一切的错。

99 朵表示天长地久、坚定。

365 朵表示每一天你都在我的心目中。

花色的象征意义

1. 红色

常用花材：玫瑰、山茶、扶桑、牡丹、火鹤、一串红、一品红、太阳花、美人蕉。

寓意：原始人类最崇拜、最爱好的色彩。给人以热情、大方、勇气、

太阳花

富贵、温暖、兴奋、光明、活力之感。

适应场所：婚礼、喜庆、节庆、开业、剪彩等。

2. 黄色

常用花材：迎春花、丁香花、菊花、腊梅、玫瑰、大丽花。

丁香花

寓意：至高无上，给人以富丽堂皇、权威、高贵、豪华、尊严及明朗、愉快之感。

适应场所：浅黄柔和温馨，纯黄端庄，实际应用时，将深浅不同的黄

色搭配，可以产生奇妙的美感。

3. 橙色

常用花材：长春菊、万寿菊、金莲、天人菊。

寓意：兼备红、黄两色混合的情感反应，给人以明亮、华美、庄严、温暖、明快、成熟之感。

适应场所：在丰收、喜庆、收获场景作主色调。

4. 蓝色

常用花材：飞燕草、藿香菊、江西腊、牵牛花、风铃花。

风铃花

寓意：冷色调中最寒冷寂静的一种。和蓝天、大海联系在一起，使人心胸开阔。给人以安宁、清新、秀丽、悠远之感；同时又给人以悲伤、压抑、冷漠、冷清之感。

适应场所：医院、夏季咖啡屋、茶室等安静场所。

5. 绿色

常用花材：绿萼梅、绿牡丹、松柏、棕竹、蒲葵、苏铁等多肉类植物。

寓意：在佛教中绿色表示喜悦、新生和恩爱；在基督教中则表示希望、喜悦和平安。绿色是大自然的主宰色，代表生命、健康、活力、青春、美好、抒情和开朗。

适应场所：庄严肃穆的会场，常以松柏等绿色植物作盆景，并可作冷饮店、居室、客厅主要花材。

苏　铁

6. 紫色

常用花材：绣球花、紫茉莉、千日红、木槿、紫藤、紫薇、翠菊、牵牛花。

寓意：紫色兼有红色的热情、蓝色的悠远。给人以雍容、华丽、典雅、冷艳、优雅、忧郁之感。

适应场所：作阴影陪衬，增加花簇层次、布置居室、舞厅。

铃 兰

7. 白色

常用花材：山茶花、郁金香、百合花、菊花、白兰、大丽花、栀子花、玫瑰、铃兰、满天星。

寓意：有光亮而无热力。给人以纯洁、神圣、朴素、高洁、单纯、肃穆、哀伤、寒冷之感。

适应场所：作间色用，增加其他颜色花卉的鲜明度和轻快感。

了解花语送对花

康乃馨——母爱与温馨。多为儿女在母亲节为母亲送的品种，素雅微香，特别受欢迎，但黄色的康乃馨多

为情人间互送的礼物。

火凤凰——真心不变。色彩绚丽，老师、同学生日送一束，恰当极了。

百合花也有许多种，一般送花多送白色与黄色两种，但无论哪种都表示事业顺利的意思。白色百合花素雅温馨，表示了圣洁与幸福的意义。这种花在西方人们用做婚礼中的专用花束，祝福新人幸福美满。黄色百合花代表了爱慕的意思，用处极多，可看具体用途。

勿忘我——永志不忘。同学师生离别，送一束勿忘我，会勾起对方对曾经一起度过的日子的绵绵回忆，令人回味无穷。

菊花——高洁长寿。作为花中四君子之一的菊花，傲霜独立，高洁潇洒，年长者的生日，送些菊花是对长

勿忘我

者人格高洁的褒扬也是祝福他（她）年年有今日，岁岁有今朝的最佳礼物。

红掌——大展宏图。事业伊始，学业初始，公司开业，项目上马，礼物中少不了红掌，红与"宏"同音，故有"大展红（宏）图"一说。

剑兰

剑兰（又名十三太保）——步步高升。亲友升职、考学成功或公司、企业开张、庆功等，剑兰比较合适，而且花价相对便宜，销量居高不下。

兰花——高贵优雅，身为花中四君子之一，兰花几乎人人可送，表达对对方的良好祝愿。

天堂鸟——高贵。

郁金香——亲密。情人、学友、亲人、朋友，都可以送，无非表述你们之间"亲密无间"。

红茶花——天生丽质。

黑桑——生死与共。同学间送黑桑，可以显示自己与对方"铁"，说明你们交情特别深。

白茶花——真爱。代表纯洁、神圣的真爱。

蓝紫罗兰——诚实。送给友人、师长皆宜，表明自己对对方的忠诚，同时对对方的人格也是一种肯定。

仙客来——天真无邪。仙客来形似兔子耳朵表示，因此又名"兔子花"。远远望去，就似一群可爱的小兔子正竖起耳朵表示倾听动静，活泼之气显露无遗。把仙客来送给小朋友或童心未泯的老人，是祝愿其生活快乐、无忧无虑之意。

野葡萄——慈善。多送给老人。

紫藤——欢迎。

仙客来

薄荷——有德。

野丁香——谦逊。

豆蔻——别离。

君子兰

水仙——尊敬。师长、长辈、上司，都可以用此花敬上一份感激。水仙绿叶轩昂，悄立水中，似凌波仙子踏水而来，高雅清香，格外动人。在腊月里送一盆水仙给女士，赞其清秀脱俗。若送与男士，则称赞他品格高尚。

仙人掌——不向困难低头。仙人掌生活在沙漠里，最大特点就是耐旱。这正反映了她不畏恶劣环境，仍能茁壮成长的性格。选择仙人掌送朋友，可以激励其上进。

君子兰——高雅、尊贵、雄壮、秀丽。将君子兰作为礼品，馈赠亲友，是赞其有君子之风。

柠檬花——挚爱。母亲节、父亲节送一束柠檬花，感谢他们给予你的生命和多年抚养的爱；情人节送一束给恋人，浪漫中透着一丝暖意。

上面的花多表达美好祝愿及表达感激等。是不是所有的花都表达出一种美意呢？不都是，比方说：杜鹃表示节制；大丽花表示不诚实（千万别送这种花，人家以为你是对人家人格的否定）；白菊花——悲伤；条纹康乃馨——拒绝；红康乃馨——伤心；万寿菊——悲哀、妒忌。

节日送花礼仪

一、春节适宜送的花卉

松、竹、梅：岁寒三友。

黄百合：快乐、喜庆。

山毛榉树：昌盛、兴隆。

淡红美女樱：家庭和睦。

火百合：喜气洋洋。

白百合：百年好合。

桃花：宏图大展。

蝴蝶兰

蝴蝶兰：高洁。
水仙：清纯、自爱。

二、清明节扫墓适宜送的花

三色堇：思念。
三轮草、满天星：想念。
文竹：永恒。
花簪：同情、慰问。
金鱼花：悲哀。
柏枝：哀悼。
柳枝：悲伤、哀悼。

三色堇

三、母亲节适宜送的花卉

母亲节是 5 月份第二个星期天。
康乃馨又名香石竹，是母亲之花、母
亲节的主花。通常以大朵粉色的康乃
馨作为母亲节的用花。粉色是女性的
颜色，康乃馨的层层花瓣代表母亲对
子女的绵绵不断的感情。其中：

红色康乃馨：用来祝愿母亲健康
长寿；

黄色康乃馨：代表对母亲的感激
之情；

茉　莉

粉色康乃馨：祈祝母亲永远年轻
美丽；

白色康乃馨：除具有以上各色花
的意思外，还可寄托对已故母亲的哀
悼思念之情。

适宜在母亲节送给母亲的花有：
毋忘我：永恒的爱。
茉莉：和蔼可亲。
木樨草：品德高尚。
深山酢浆：慈母之爱。
粉牵牛花：纤纤柔情。

四、端午节适宜送的花卉

菖蒲：避邪镇灾。
龙船花：争先恐后。
跳舞草：快乐。

石斛兰

五、父亲节适宜送的花卉

父亲节是 6 月份的第三个星期天。石斛兰被称为父亲之花,象征坚毅、勇敢。此外还可选:

黄杨:坚定、冷静。

橘树:宽容大度。

款冬:正义。

柳树:坦率、坦诚。

葡萄:宽容、博爱。

茴香:力量。

石楠花

六、中秋节适宜送的花卉

石楠花:庄重。

桂枝:学识渊博。

月桂枝:荣誉。

芒草:秋意。

桔梗:纯洁。

胡枝子:优雅。

七、教师节适宜送的花

木兰花:灵魂高尚。

蔷薇枝:严肃、朴素。

蔷薇花冠:美德。

悬铃木:才华横溢。

月桂树环:功劳、荣誉。

木兰花

八、圣诞节适宜送的花卉

通常以一品红作为圣诞花,花色有红、粉、白色,状似星星,好像下凡的天使,含有祝福之意。适宜在圣诞节送的花有:

一品红：驱妖除魔。

白色美女樱：庇佑。

太阳菊：光明、欣欣向荣。

山毛榉树：昌盛、兴隆。

不同场合送花

一、祝贺升学适宜送的花卉

万年青：四季常青。

太阳菊：欣欣向荣。

桃花：好运将至。

火百合：喜气洋洋。

火百合

牡丹：富贵兴盛。

山毛榉树：昌盛、兴隆。

向日葵：尊敬、显赫。

二、祝贺获奖归来适宜送的花卉

红棉花：英雄之花。

瞿麦：勇敢。

红棉花

月桂：光荣。

棕榈：胜利。

三、祝贺演出适宜送的花卉

多花蔷薇：天才。

荷兰芹：得胜。

茴香：卓越。

桔梗：纯洁、高雅。

大丽花：优雅、尊贵。

多花蔷薇

四、送别朋友适宜送的花卉

三色堇：思念。

刺槐：友谊。

豆蔻花、芍药花、百日草：分别。

杉枝、香罗勒、勿忘我：杉枝为分别，香罗勒为祝愿，三者组成花束即：分别了，祝君美好，请不要忘记我。

五、祝友进取适宜送的花卉

美人蕉：坚实。

海芋：热情。

鸟不宿

黄杨：坚定。

款冬：正义之神。

冷杉树：崇高。

茴香：力量。

桂枝：学识渊博。

棕榈：胜利。

鸟不宿：慎重。

红丁香：勤勉。

菟丝子：拼搏。鸟不宿、红丁香、菟丝子组成花束意思是：望君努力，必能成功！

六、祝寿适宜送的花卉

松树：智慧、长寿。

竹：高风亮节。

梅：傲雪凌霜。

福寿花：多福多寿。

黄水仙：尊敬。

兰花：品行高洁。

万年青：永葆青春。

千日莲：快乐。

附子：敬意。

吊钟花：感激。

金鱼草：愉快。

吊钟花

七、探望病人适宜送的花卉

罂粟花：安慰。

樱草花：青春。

剑兰：性格坚强。

白杨：坚持、勇气。

雏菊：同情。

蔷薇花瓣：希望。

虞美人、蓍草、山楂：安慰。

鸢尾：问候。

鸢 尾

满天星：关怀。

黄花：鼓励。

荆树：抚慰。

水仙：自爱。

马蹄莲：吉祥如意。

兰花：虔诚。

红罂粟、野百合：红罂粟表示安慰，野百合象征康复，组成花束意思是：放心吧，会康复的！

给病人送花有很多禁忌：

（1）探望病人时不要送整盆的花，以免病人误会为久病成根。

（2）香味很浓的花对于做完手术后的病人不利，易引起咳嗽。

（3）山茶花容易落蕾，被认为不吉利。

（4）颜色太浓、鲜艳的花，会刺激病人的神经，激发病人烦躁的情绪。

节日宜送插花

一、传统节日适宜送的插花

①富贵满堂

相应节日：春节。

花束（篮）的中心寓意：瑞雪飘飞时节，迎来健康长寿、高贵吉利、事业成功的来年。

选用花材：满天星、牡丹、连翘、银芽柳。

牡 丹

花语：富贵、繁荣，吉祥如意。

②火树银花

相应节日：元宵节。

花束（篮）的中心寓意：元宵灯节绚丽多彩，火树银花，喜庆祥和。

选用花材：火鹤、炮仗花、孔雀草、蓬莱松。

花语：喜庆，祥和，希望。

火　鹤

③千古

相应节日：清明节扫墓或悼念故人。

花束（篮）的中心寓意：素洁的花朵寄托了对亡者的思念。

选用花材：马蹄莲、玫瑰、孔雀草、菊花、小苍兰。

花语：哀思，贞洁无瑕。

④端午怀古

相应节日：端午节。

花束（篮）的中心寓意：粽子飘香，龙舟竞渡，热闹喜庆之中不忘追怀爱国诗人屈原。

选用花材：茉莉花、鹤望兰、蓬莱松。

花语：避邪，自由，幸福，吉祥如意。

⑤花好月圆

相应节日：中秋节。

花束（篮）的中心寓意：中秋月圆，一家人团圆，其乐融融，百事合意。

选用花材：菊花、唐菖蒲、向日葵、茱蕉。

花语：团圆，百事合意。

⑥重阳

相应节日：重阳节。

花束（篮）的中心寓意：重阳登高，饮酒赏菊，抚今追昔，精神焕发。

选用花材：菊花，兰花。

花语：吉祥如意，高洁、长寿，生活丰富多彩。

鹤望兰

二、现代节日适宜送的插花

①伊始

蛇鞭菊

相应节日：元旦。

花束（篮）的中心寓意：新年伊始，万事如意，好运常伴。

选用花材：蛇鞭菊，金鱼草。

花语：吉祥，欢快，喜庆有余。

②纯情

相应节日：情人节。

花束（篮）的中心寓意：爱情的神圣、纯洁是人世间永不衰老的主旋律。

选用花材：玫瑰、百合、满天星。

花语：纯洁的爱，爱意永恒。

③丽影

相应节日：妇女节。

花束（篮）的中心寓意：愿女性似那优雅高贵的兰花，在三月春季里美丽、快乐。

选用花材：树兰、康乃馨、满天星。

花语：充满青春活力；慈祥温馨，不求代价的母爱；欣喜。

④天使

相应节日：护士节。

花束（篮）的中心寓意：像天使般给病人以爱心、关怀和照顾。

选用花材：满天星、康乃馨、马蹄莲、排草、紫罗兰。

花语：女性之爱，吉祥如意，喜悦，永恒的美。

⑤母爱

相应节日：母亲节。

花束（篮）的中心寓意：母亲给予子女绵绵不断的爱与关怀。在本月这灿烂的季节里，让我们对天下辛苦的母亲们说："谢谢您，妈妈。"

选用花材：康乃馨、洋兰、孔雀草、天门冬。

紫罗兰

花语：伟大的母爱，高贵、温柔、粗中有细，外表"端庄大方"，又能"细心体贴"。

⑥快乐

相应节日：儿童节。

花束（篮）的中心寓意：儿童节是小朋友最快乐的日子。无忧无虑的童年，欢乐、笑声伴随着孩子们成长。

选用花材：满天星、火鹤、金鱼草、排草、大花葱。

花语：活泼，聪明，可爱，鸿运当头。

⑦背影

相应节日：父亲节。

花束（篮）的中心寓意：父亲是子女心目中的英雄，今天愿这束花能传达儿女对父亲的崇敬和热爱。

石斛兰

选用花材：康乃馨、石斛兰、满天星、排草。

花语：慈爱，亲情，永葆青春。

⑧恩师

相应节日：教师节。

花束（篮）的中心寓意：师恩似海，老师给予学生的关怀与爱护，学生终生难忘。

选用花材：向日葵、康乃馨、排草。

花语：敬慕，光辉；高贵，典雅。

⑨祈祷

相应节日：圣诞节。

花束（篮）的中心寓意：在圣诞节这快乐的日子里，捎去我的祝福。

选用花材：一品红、百合、蓬莱松。

花语：共贺新生，圣洁。

三、典型命题的插花

①福

花束（篮）的中心寓意：红色的花卉系列，象征着喜庆祥和，祈盼好运常伴、福气、安康。

选用花材：火鹤、玫瑰、百合、满天星。

花语：喜庆，吉祥，愉快，自由，幸福，大吉大利。

②禄

花束（篮）的中心寓意：恭贺

高就，祝君事业有成。

选用花材：唐菖蒲、百合、马蹄莲、大花葱。

花语：步步高升，事业顺利，气质高雅，年富力强，聪明，得意。

③寿

花束（篮）的中心寓意：祝君福如东海，寿比南山。

选用花材：菊花、鹤望兰、香豌豆、蓬莱松、满天星。

花语：长寿，高洁，幸福，自由。

④喜

花束（篮）的中心寓意：祝君欢乐，喜悦常伴，美好生活常在。

选用花材：玫瑰、百合、火鹤、满天星、排草。

花语：万事如意，大吉大利，欣喜。

⑤财

花束（篮）的中心寓意：恭喜发财。

选用花材：百合、金鱼草、连翘、香豌豆、满天星。

花语：财运高照，恭喜发财，万事如意。

连　翘

引人注目，巧妙包装

千姿百态话包装

礼品的包装并不单指在商店中，选购礼品之后，以包装纸加以包装一类。不同地域、民族的产品应该有不同的规格、特色。最主要的是包装设计精巧，色彩富于变化和感染力，能够引人注目。

包装所体现的美感本身就是一种价值。随着人们生活质量的提高，对这种美感的追求也日趋强烈。

包装美是受礼者对礼品的第一直观印象，无论是否在包装中给予暗示，都会引发受礼者的好奇心、占有欲，他对礼品愈感兴趣，也就愈接近你送礼的目的。那些一目了然的礼品，是没有这种效果的。

在我国古代，人们馈赠礼物，为更显郑重、气派，往往要将礼品加以包装，由于受当时物质、技术条件所限，外观不如今天的华美，但在多少代人的推陈出新下，也形成各方特色，有的还延续至今，散发着浓郁的历史与民族气息。

大多数所赠礼品，都是从日用品、装饰品中选出，加以包装或附以标志性的修饰便成为馈赠礼品，根据礼品的种类和性质，分为礼篮、礼盒、礼盘等方式，久而久之，这些还发展成为一种民间工艺。

传统包装

我国的传统包装有许多成功之处，充满民族特色，不过长期以来，受人民生活水平的限制，人们对礼品包装要求不高，也影响了工业与商业在这方面的发展。

展开式包装

将包装打开以后，礼品平放，可以直接取用的一种包装。这种包装下的礼品多有盒、篓、箱等物内衬，外观造型平整，易于摆放。在某一平面可以装饰一些饰物，或留有赠语。我们通常买的食品、衣物均属这类包装。

悬挂式包装

一些礼品无法平放摆设，而需要经过特殊包装后，悬挂起来展示。多见于礼品精品，如一些布绒类装饰品、玩具，主要礼品装在一个小礼品篮中，外面罩一层"满天星"的玻璃包装纸，悬挂在空中。也有一些商店将悬挂式礼品用吊钩、挂孔等展示；有的食品店将水果用网兜装盛等。这类包装要考虑坚固性、美观性，不能照顾一方面忽视另一方。

堆叠式包装

适用于将不同品种的礼品包装在一起，或是分量包装，即某种散装礼品不宜作大容量包装，而是分成小容量的分量包装。这种包装是礼品的总装。

如您选购的礼品有一盒糖果、一件衣物，还有一盒化妆品等，您需要将它们包装成一扎时，就是堆叠包装。

堆叠包装往往还配备提袋等，形成提袋式、拎包式、皮箱式，外面印成产品的名称和生产厂家或销售单位的名称，这些单位大都也是驰名企业，所以送礼时会很夺目。

系列包装

系列包装多在生产厂家既已完成，顾客可直接挑选。系列包装是为系列商品，如化妆品、食品等专门设计，这些商品用途、性质、色彩等相同或类似，装潢的图案、产品的商标和品牌也都类似、一致，这样的商品往往采取系列包装。如化妆品礼盒，其中有粉底、唇膏、眉笔等化妆全套用品，由于是礼品盒包装，还有喜庆意味的色彩，加印赠语等。这类包装，您作为礼品充其量再打以丝带即可。

附赠品包装

一些产品的包装里已经附带有一些赠品，这些赠品是与产品直接相关，选择这样的礼品也别有情趣。如一些咖啡的礼品包装中附有茶匙一个；一些酒的瓶盖拧下后可作酒杯用；出售的领带附赠的领带夹等等。不同年龄、性别的人的审美观念不同，在对待礼品包装上也持有不同态度。

男性化包装

赠送给男性的礼品，包装应该男性化，突出刚劲、粗犷、庄重、大方，具有科学性与实用性。包装的色彩可选冷色调的如银白、深蓝等，当然喜庆礼品除外，丝带也应与包装材料协调，上面可附有树叶形饰物。

女性化包装

女性对礼品的包装会欣赏得更仔细些，女性心理也更趋于包装设计的柔和，丰富，色彩宜用暖色，如粉红、橙色等，突出艺术性与流行性。礼品的包装还可配以由丝带扎成的蝴蝶结等。

设计独特的包装

引人注目的礼品包装无外乎两种：非常简单或过于奢华。多数礼品包装都可设计成圆筒状或其他几何图形，这些图形您尽可以模仿身边的物品，只要您认为有趣。

包装要富创意性

虽然现在的礼品店都有包装礼品的业务，但自己设计的、别出心裁的包装可能更加富有创意，更能打动收礼人的心，收到更好的效果。

有许多书籍提供了包装技巧方面的知识和建议。按这些书的指导，聪明的人可以将包装设计装饰成旅行鞋、邮箱、蛀书虫、冰激凌、蜜蜂、乌龟、菱形、流浪汉装、公共汽车、小丑、围裙或星星的形状。你可以学习如何使用旧的维生素瓶、牛奶纸盒及花盆作基本形状来练习包装，然后再用带子、棕色纸或冰棍棒等任何有个性的东西来加以美化，纸垫、金属小圆片等物来装饰，几乎不需要什么费用，你还可以在制作过程中享受一番情趣。

如果你善于动脑、动手，几张纸就可以设计出造型奇特的包装，复杂的也不过再需要一些胶纸带、油彩等。封面上你可以盖上自己用肥皂等制的印章、大理石花纹，或是画一些抽象画等。

要是你善于用纸包，几层彩色或白色的棉纸就可以设计出活泼而吸引人的包装。你还可以在你自己的纸上盖印鉴或印上喜爱的图案。假如是送给情人的礼品，印上一颗颗火红的心更动人心弦；白色的包纸上贴上黑色的纸块，捆上麻绳再系个铃铛，真是有形有色有声！

然而，我们中大多数人一直在用我们买的礼品包装物来设计那种方便而世俗的包装，而且考虑不周全。其结果常常是向人传递这样的信号，即送礼者毫不经意地找了件礼品。而事实上，送礼者却是花了许多时间为受礼者挑选这么一件得体的礼品的。

轻松包装的秘诀

下面介绍三种任何人都可以掌握的简单包装方法，让更多不擅长包装、从未包装，或不知道如何选择搭配包装材料的人能无师自通。另外有一点很重要，自己平时要下意识地多观察店员的包装方法，还要注意收集身边的特色包装材料。

一、风格一致

挑选礼物送人当然希望通过礼物表达出自己的心意，但在包装时也要充分考虑对方的喜好，要充分考虑到礼物与接受方的整体感觉，如果风格相差太远会让礼物的魅力大大降低。

（1）与接受方的般配指数

如果了解对方的喜好，就会马上知道该如何包装，如何搭配装饰物。对于喜欢可爱图案的人，可以用可爱图案的包装纸和丝带；喜欢水珠图案的人就用水珠图案的包装纸；喜欢小动物图案的人，可以用卡通图案的包装纸。用对方喜欢的图案包装，接受方会一眼就明白你送了一份他（她）非常心仪的礼物。

（2）与礼物的般配指数

对于玻璃和餐具等易碎物品，需要用缓冲材料包装。为了使糕点不变形，可以放在容易携带的纸盒中。此外，如果里面的物品与外包装的大小不吻合就会给人留下奇怪的印象。所以，选择与礼物搭配的包装和缓冲材料是赠送礼物的基本要求，稍稍花费一点儿时间认真包装礼物，就会让对方感到你是用心准备的。

二、体现季节感

如果在包装上表现出季节感，礼物就会给人留下深刻的印象。春天可以用清爽、明快的粉色和蓝色；夏天可以选用凉爽的蓝色和白色；秋天可以是鲜艳或深沉的颜色；冬天则是白色和圣诞节的代表颜色；正月里可以选择华贵的金银色。

三、完美搭配

对于手工制作的礼物，为了突出手工制品的特点，可使用生活中的纸袋、麻绳等天然素材。如果礼物与包装和谐一致，就会产生很般配的效果。另外，还要注意两种颜色的包装纸与丝带的搭配问题。如果与礼物本身的颜色协调，那么当对方在打开礼物的一瞬间一定会异常感动。

礼品包装注意事项

包装是用来盛装礼品的。所以首先包装不能有损于礼品，有污染、刺激性气味的包装的材料不但会损毁礼品，也会直接危及到受礼者的健康与安全，因此包装的材料、造型和结构要合理。

如果要经过长途运输或携带，那么还要考虑礼品包装须牢固、耐磨、耐压甚至防水等，以免长时间的消耗使包装面目全非，并影响到礼品本身。包装的长、宽、高和结构要便于你携带。

礼品的包装要不妨碍它的使用，包装中尽量不改变礼品的原结构，采用金属、陶瓷、塑料包装等要易开启，并且如果经过一段时间以后才送出礼品，要注意保质问题，尤其是食品，不能因包装原因使其变质。

特别需要注意的是，采用任何形式的包装都不要破坏原产品的有关说明、简介。很多人使用产品前，都要仔细看清说明，以增强对此产品的信任感和安全感。如果因包装破坏了原礼品的外观，则使受礼者对礼品不能有一个全面了解，也会破坏礼品在他人心目中的形象。

不要把买来的礼物放在另一家精品店的漂亮盒子里，一般人这样做是希望对方以为礼物是在那儿买的，但是受礼人也许会在退换时发现真相，那就太遗憾了。

把礼物用漂亮的包装纸包好，放在一个好看的背袋或购物袋里，保证能使收礼人眼睛一亮，既兴奋又期待。

一般人很喜欢收到绑着缎带的礼物，每到送礼旺季，小雪人、迷你圣诞铃、小天使、小雪橇和滑雪板上都缠满丝带。可以用许多漂亮的缎带把你的礼物包起来。多费心思在礼品包装上，代表你非常在乎对方，不只是随便送送而已。

除了专用包装纸，自己找来一些有创意的布料、壁纸、手绢包礼物，都能创造绝佳的效果。你所动的每一分脑筋和每一点心意，别人都会感受到。

容易腐坏的礼物，如鲜花和某些食物，应该等受礼人待在家里的时候再送，所以请先打电话询问对方家里什么时候有人。

把你的全名和地址写在卡片或信封上，让对方马上知道是谁送的礼，并方便对方回函致谢。

让包装给礼品增色

包装应随礼品而设计，如果不是很郑重或不是为了营造神秘的话，要尽量通过包装突出礼品，而不能喧宾夺主，使礼品在精美包装前黯然失色，显得"名不符实"。更不能"一流礼品，二流包装，三流效果"，采用有礼品标志的包装，能够使受礼者直接了解礼品，并对其产生好感，如一些专卖店，所售产品的包装会有此品牌的标志。

礼品包装设计要美观大方，简洁流畅，不必过于繁琐，成功的包装不仅使礼品增色，也会满足送礼者的期望值。

我国的包装装潢美术设计总体有两大类：一种是民族传统风格，如龙凤呈祥，仕女宫灯，敦煌飞天，彩俑古鼎，山水寺庙，福禄喜寿，给人以古朴、典雅的美感；另一种是现代艺术风格，如抽象的图案，不规则线条，超现实主义等，融入了现代画、西洋画的技法，为包装装潢增添了新色。

无论选择哪种包装手段，都要力求新颖，富于艺术魅力。

对于文化品味较高或对民族文化有研究的人，给他们赠送礼物，应该在包装上突出民族特色，如果是赠送给外国朋友，就更应如此。这些人面对浓郁的民族风情更会引起共鸣，通过礼品甚至于通过包装使双方沟通、交流。

对于来自外国的老师或同学来说，中国古文明与文化对他们有着强大的吸引力，有位著名的服装设计家曾说过，最有民族性的服装，也最具有国际性。一样礼品，一纸包装可以向其介绍一方文化。试想，以充满西方色彩的包装赠送，他们司空见惯，也就索然无味了。最通行的礼品包装还是最具有民族性的。

我国具有悠久的历史，传闻逸事、神话寓言灿若星河，这些都为礼品包装提供了大量素材。目前市场上出售的茶叶、酒类、瓷器、土特产品以及纺织品等多用竹雕、竹编、麦秆、藤条作包装材料，经设计者艺术加工、构成了样式别致、携带方便、格调朴实、富有浓郁的民族乡土风味的包装。

如果有绘画、雕刻技艺的话，不妨牛刀小试一次，手雕、手绘的效果相信一定甚佳，也显示出您对师友的一片诚意。

采用现代包装技术，配以相应的色彩、图案和装饰，富于立体感、动感，图案的夸张、变形能引起人的新奇感、好奇心；鲜明的色彩多变、夺目，能够吸引人的注意力，这些对于不同礼品也会达到很好效果，尤其针对求新、求异的人。

在新技术、新产品日新月异的今天，不但许多商品的结构、功能、款式在变化，人们在消费心理上也起着变化，只有良好包装效果的商品才能打动人们。

礼品包装也是一样，众多的礼品中，要使自己的独树一帜，您花费精力选择礼品还不够，礼品的打扮也很重要。

选择包装材料也同设计一样，因礼品而异，农村地区可以就地取材，城市里许多商店有礼品包装材料出售，您也可以自己动手制作。

目前，城市中销售的礼品纸、礼品袋多是高压聚乙烯、低压聚乙烯，还有透明度较好的尼龙、维尼纶等，复合材料的应用也在日益增多，除塑料外，还有玻璃纸、铝箔等高压复合材料，具有礼品包装所需要的各种要求、耐高温、耐冷冻、防潮、隔味等。

新的包装材料的应用，可以赋予礼品以新的外观，使包装变得轻便、流畅、牢固，起到美化礼品与保护礼品兼备的作用。

礼品包装色彩和图案

礼品需要包装，包装需要装饰，形成的总体效果给受礼人以暗示。色彩与图案是礼品包装的基本要素，是包装的基本风格。

你所用的包装材料的颜色是一种暗示，冷色沉着镇定，暖色温馨舒畅，大花热情奔放，小花温情脉脉。

色彩的习俗是与整个传统文化相匹配的，色彩在蕴涵了太多的人们赋予的含义后，逐渐上升成为一种文明。色彩完全是一种直观感受，是对外界信息敏感的反映之一。

最初对色彩，人们只是猜测其含义，色彩受到崇敬，也受到禁忌。随着色彩神秘感的消失，统治阶级又利用强权，推行色彩垄断，中国古代黄色一直是王室与皇权的象征。其他色彩也人为地规定了其寓意。

馈赠的礼品究其外观形式来说，不外乎造型与色彩两类，而能给予礼品以特定判断，是轻快还是肃穆，是喜庆礼物还是吊唁礼物，则主要靠色彩来表达。

总的来说，喜事送礼大都色彩鲜艳、亮丽浓重，营造喜庆的气氛，这些颜色能够引起兴奋，也是同其心境密切相关的。

现代喜庆节日，以青年为主，尤其是城市青年，已逐渐摆脱大红大绿的用色，而选择色泽柔和，或深暗颜色。同样，这种选色也是同其心态相连的，现在有一种趋势就是，青年人喜欢深色、老成持重的颜色，这反映了这一年龄段的人，渴望成熟、稳定与被尊重。至于花花绿绿的颜色，对于他们来说，充其量是装点气氛罢了。

无论是先前也好，还是转变中的现在也好，它们共同之处便是选择最喜爱的颜色，修饰出最佳效果的"我"，反映出最佳的心境。

礼品缎带和花结装饰

一般地说，礼品包装并不一定要以"大红大绿"的艳丽颜色才能取胜，往往是造型简洁、颜色淡雅的礼品包装，再搭配上恰当的饰物，反而会显出极其高雅的气质来。缎带和花结等饰物在这里有举足轻重的作用。

缎带有包装用和供服饰用两种，在选用时要留意这两者之间的区别。此外，要根据不同的季节、受礼者的年龄性别以及礼品本身的类别来选用缎带的花式和材质。

一、缎带的系法

礼品包装系上缎带，可以使包装更加整齐，不致松散，此外，还有装饰的效果。

一些较硬的缎带用作花饰时，尾端可留长一点并卷曲，这样可以增加艺术效果。除了用铅笔将缎带卷成波浪状流苏的方法外，还可采用如下方法，即首先用手指压住缎带和剪刀背，然后将缎带摩擦数次，这样缎带就会自然弯曲。这种方法对于含有金属丝的缎带尤其灵验。

二、花结装饰

将缎带缠绕成一定的形状，作为装饰的一部分，称作花结。所以，花结实际上是缎带的一类系法，但由于花结的变化层出不穷，一般都将花结作专门介绍。当然，并非所有的礼品包装都要系上花结；但一般而言，礼品若配上合适的花结，就像小姑娘头发上多了一个蝴蝶结一样，平添几分可爱。

（1）蝴蝶结

蝴蝶结本来是几乎每个人每天都要系的花结。系鞋带、扎辫等都会用上蝴蝶结。

（2）绒球结

绒球结有一种豪华的气派，若用带有方格的缎带制成，更显露出青春的魅力。

①先用宽度约为2厘米的缎带做出直径约13厘米的环。

②在环上重叠绕上6～7圈，剪除剩余的缎带。

③用剪刀剪去缎带四角。

④以剪切部分为中心在中间用细缎带牢固地打结。

⑤左手持缎带环，右手把环上面部分的缎带从内侧向左右扭曲拉出。

⑥用同样的方法把缎带环下面的部分向左右扭曲拉出，最后整理成圆球形即成。

（3）星星结

星星结可以用机器大规模地生产，但若亲手做成，当然更能表达自己的一份心意。制作的要领是星星结的每片花瓣要由下向上叠。星星结的制作方法有从外侧开始和从内侧开始两种。

（4）波浪结

这种类似浪花状重叠的结是最容易做的一种花结，只要是柔软且有张力的缎带，都可制成这种结，用单面的缎带制作时要注意始终是外侧朝外。

（5）薄纱结

制作这种结的带状薄纱可在市面上买到。用薄纱作结，给人一种"轻歌曼舞"的柔和质感，如果配上合适的缎带，效果会更好。

（6）缎带花

用多重缎带制成的缎带花雍容华贵，能营造一种花团锦簇的喜庆气氛，用在春节或圣诞节的礼品包装尤为适宜。

特别推荐几种包装法

一、糖果形包装法

一些软绵绵的礼物如颈巾之类，最适宜用这种包装法。不妨送这款"糖果"给朋友，保证令他们甜到心头！

材料：

长方形花纸2张。

纸张尺寸：

长：礼物长度再预留32～34厘米；

宽：以能完全包裹礼物再加至少5厘米为宜。

步骤：

（1）将两张花纸不规则地斜放，以突出两种颜色。

（2）把礼物置于花纸中央，由下向上卷好，以胶纸粘牢。

（3）左右拧紧。

（4）用丝带打成蝴蝶结即成。

（5）完成。

小秘诀：用玻璃纸、色彩缤纷或两张颜色对比强烈的花纸，效果会更佳。

二、多角形包装法

这种包装法可适用于五角形或多角形的礼盒，包法基本上相同，现以六角形礼盒作示范。

材料：

长方形花纸1张。

纸张尺寸：

长：多角形各边长的总和；

宽：对角线长加盒子的宽。

步骤：

（1）纸张必须对准角度的边缘来折。

（2）用纸把盒子包好，以胶纸粘牢。

（3）以中心点为准，各边均向中间折。

（4）最后的折角插到第一个折角，然后粘上胶纸。

（5）以十字交叉法来打蝴蝶结即成。

小秘诀：纸张尺寸必须准确，否则影响效果；如盒子侧面的粘口刚在边位则效果更佳。

三、方形包装法

这种包装法只适用于正方形礼盒。

材料：

正方形花纸1张，纸张尺寸以能盖住盒子为原则。

步骤：

（1）将礼盒底朝上，放置于花纸中央。

（2）将靠向自己的纸向上折。

（3）对边的纸以相同折法折好，再以胶纸粘牢。

（4）左右两侧亦为相同折法。

（5）完成后以胶纸固定，并绑上丝带即成。

小秘诀：必须把花纸裁成正方形，才能完成这种包装法。

四、回转形包装法

这种日式百货公司最常用的包装法，特色在于选取礼盒其中一角，于纸的对角线上回转，并仅以一张胶纸粘牢，是非常富技巧的包装法。

材料：

纸张尺寸：依礼盒的体积而定，其量度方法为：

1. 右角的纸余留2厘米放置盒子。

2. 盒子沿对角线翻转一周，使

其两角的纸余下 2 厘米。

步骤：

（1）把盒盖朝上，贴合对角线放在纸的一角。

（2）依盒子的两侧边缘的角度折，并以侧面的纸将其盖住，注意纸的折出角度必须配合盒子的边缘。

（3）盒子的对侧折出角度，并把其正前方提高，盒子延长线再折纸，中间须留皱褶。

（4）将盒子翻转到对侧，纸的折出角度和盒子的线条必须配合。

（5）另外两侧以相同折法，最终以完全盖住盒子为宜。

（6）最后粘上胶纸固定位置即成。

小秘诀：为避免移位，可在完成步骤（1）后粘上胶纸固定；折出角度时，切记纸边与盒边必须垂直；如完成步骤（5）后有多余的纸突出，可将其折入并对齐折线。

五、圆盒包装法

圆盒包装法基本上与多角形包装法大致相同，但由于没有直线可循，故包装时要更留神。

材料：

长方形花纸 1 张。

纸张尺寸：

长：圆周长度加 1~2 厘米；

宽：圆盒直径加盒侧厚度。

步骤：

（1）把盒子置于纸的中央，沿圆周包合，用双面胶纸固定。

（2）另一侧采相同折法。

（3）将最后的折角插到第一个折角。

（4）用十字交叉法打上蝴蝶结即成。

不同场合中的馈赠

探病时的馈赠

当老师同学生病时，要及时去医院看望他们，这是基本的礼仪。

在探病时，要注意交谈的内容，人在生病时，往往思想紊乱，情绪波动，有些人还会顾虑丛生，所以探病应了解病人的心理，要尽量安慰病人。可以给病人讲述一些经治疗而很快恢复健康的病例，以解除病人的疑虑。也可以谈一些病室外的新鲜事，讲一些生动有趣的新闻，病人所熟悉的一些人的新变化等。因为久居病房，这些新消息正是他所渴望听到的。

在探病时，要注意气氛，不可在病房内大声喧哗、吸烟。同病人交谈时亦不可神情沉重，对待病人的态度要和蔼可亲。

在探病时，要注意所带的礼物。礼物不在贵贱，而要以尽快使病人恢复健康为原则，它可以是一束鲜花（有些病人不宜于闻过浓花香或嗅及花粉，所以前往送花时要加以选择），一本幽默的图书，最新的报纸杂志，带支架的阅读放大镜，一件舒适的睡衣或一双拖鞋。给病人的食品要根据病情而定，如探望患糖尿病的人可带点豆制品，也可适当带些肉松、鸡蛋、牛奶等制品；探望血脂过高或动脉粥样硬化症的病人，可送些含维生素丰富的食物，像新鲜水果、麦乳精等；探望慢性便秘的人，可拿些蜂蜜、水果之类的食品。食品宁精勿多，不要滥送滋补、营养品。

在探病时，要注意探望的时间。

如果病人刚做完手术，身体很虚弱，则尽量不要前去探望，因为这样会增加病人的负担。病人休息时不要去探病。

生日时的馈赠

面对琳琅满目的商品，如何选择才能与寿星对上号呢？这需要遵循一定的原则。

一、根据关系远近。送生日礼物时先要搞清楚对象，是亲朋好友，还是一般的关系，是自己的好友，还是普通的朋友，不同的对象，所送的礼物是不同的。

二、年龄有禁忌。几岁的孩子和耄耋之年的老人，他们过生日的方式以及需要礼物都各有不同。

三、考虑到对方的兴趣。送生日礼物时要考虑对方的兴趣，适合生日这天送出的、对方又很感兴趣的礼物，当然会受到他们的欢迎。

四、量力而行莫勉强。送生日贺礼要讲究适度，处理得当，要注意场合、家庭环境、季节变化等因素。如果不因人因事因地而宜，往往会弄巧成拙，适得其反。亲友之间贺生日是常事，但不能搞得庸俗化，要做到合理、有礼、有益。

当然，我们讲到的这些原则都只是泛说，针对某个具体的对象，就要仔细调查、深入研究了。对于礼物的选择千万不能马虎。

将生日礼物归纳一下，大致有这样几种：

一是衣服、鞋、帽、手套类。

选择这类礼物打的是"温暖牌"，因为这种礼物经济、实用、贴身、温暖，所以它们也更适合送给家人，尤其是父母或孩子，这样的生日礼物很合适。但这份生日礼物实用有余而浪漫不足。对外人来讲，就更不适宜选择衣服作为生日礼物了，因为买衣服你要知道对方的尺寸号码，这绝对是一个隐私问题。

二是领带、皮带、钱包、剃须刀类。

这类礼物的赠送对象当然是男士了。如果是你的男同学过生日，这类礼物是首选。男人的饰物不多，就这么几样，像领带、皮带、手表等又都是佩戴在外，随时展示在别人的面前，这些小小的饰物体现了一个男人的个性和品味。

三是蛋糕、鲜花。

生日蛋糕是生日庆祝中必不可少的。送蛋糕好像非常有创意，但如果是你亲手做的呢，那感觉肯定不一样了。如果你擅长厨艺，那么建议你自己做一个大蛋糕送人，那吃起来一定比买来的蛋糕还要甜蜜。

跟生日蛋糕搭配最好的当然是鲜花了。送什么花，送多少，则需要视赠送对象而定。

除了以上一些通常的礼物，送的礼物最好要别出心裁，令人耳目一新。

生日杂志是时下比较流行的生日礼物。与市场上琳琅满目的礼物相比，它最大的特点是个性化。还有什么比以寿星为主题的一本杂志更能体现送礼者的良苦用心呢？

生日杂志可以以寿星的成长故事

蛋　糕

为内容，再配以寿星的照片以及你的祝福。编辑完成之后如果内文再采用铜版纸彩印，封面覆膜，胶订装订，那做好之后完全可以达到《瑞丽》、《时尚》等杂志的视觉效果。这样的礼物绝对是仅此一份，别无二家的。收到这样的礼物，收礼人不被感动才怪呢。

自己动手 DIY 贺卡或其他手工制品当然也是创意礼物。

自己动手 DIY 礼物可以有效避免送重礼物的尴尬事件。一份你自己手工制作的礼品，可能不够昂贵，但更能让对方感动。因为对方知道，你是在用心为他准备一份特别的礼物。

送生日礼物要注意以下几点：

一、了解别人的品味要知道送礼不只是使自己高兴，更重要是要让别人开心。任何实验别人口味的物品都不可作为送礼之选……

二、不可包含动机。应当尽量避免一些有影射性含义的礼物。

三、始终还是新的好。因为没有人会喜欢收到二手货。

四、勿购"有用"的礼物。这个建议特别是针对那些只懂得买家庭用品给自己喜爱的女人的男士们。实用的礼物不但没有想象力，更没有心思。应该记住你是送礼物给一个人，而不是给这个家庭。

五、先撕掉价钱标签。无论你的礼物是 3 元还是 300 元，都首先要撕掉价钱标签。送一份明码标价的礼物，好像在提醒对方，我的这份礼可是花了多少多少钱。你在期待回赠吗？还是想做一笔等价交换的生意？一般认为礼物上贴着价钱标签，是不礼貌的。对想表达心意的你来说，也是不聪明的。不过可以送上发票，这是为了如果物品出了问题，可以去退换或维修——这一点可以在发票上委婉说明，以显示你的细心与周到。

若是要送礼物给过生日的长辈，首先要看寿诞的规模。如果是办大寿的话，可以送一些办大寿的特定礼物，如果只是一般的生日，那么不妨选择一些长辈们需要用的东西。

其次，最忌华而不实。对于大多数的老年人来说，勤俭节约是一辈子的生活信条。买奢华而不实用的东西简直就是败家之举。买这样的礼物当然不会合老人家的意。

第三，态度要恭谨。老年人最担心的是"老而无用"，所以对其尊敬也是老年人最看重的。以恭谨的态度送上你为长辈准备的生日礼物，就算有时礼物并不太合意，长辈也会给你加分。

如果是一个时尚的老人，不妨送围巾，不仅大方，而且也能满足老人爱美的心。如果是一个比较传统的老人，那就送关怀，因为他们这个年纪的老人更需要晚辈的问候！当然，你不能空手去，带点营养品和水果是必要的，你也希望老人健康，不是吗？

最好的是送"健康"。可以送补品、营养品，运动器材也不错。上了一定年纪的人对青春的追求已经退居二线，对健康的渴望是最迫切的。而这些东西也可以表达出晚辈对长辈的孝心及愿望。

书画或其他艺术品，如玉制小佩件较受欢迎，多以寿星、蝙蝠等吉祥图案为主。

拐杖、软垫靠背椅、老花镜、放大镜等，能为老人生活带来便利的物品也很适合作为送给老人家的礼物。

衣服、衣料等，如丝绸袍子，寓意像抽不断的蚕丝一样长寿绵绵。但不能送缎子面料，这叫送寿衣，老人家忌讳这个。

另外，也可以送陶瓷茶具，中老年人一般都比较喜欢。

当然也可以送花或一些盆景。但给长辈祝寿用的花或盆景都是有讲究的。最好送这些：菊花、铁树、树手、长寿花、龟背竹、松树、鹤望兰、万年青、寿星草、紫薇、一品红、仙客来、寿星鸡冠、剑兰、南天竹等。

寿礼应放上红纸或由红纸剪成的"寿"或"福"字，或者放上寓意长寿和兴旺发达的饰花。习惯赠送蛋糕的宾客，也应该请糕点师傅在蛋糕上装饰上"寿"字，或画上寿桃。

除了上面的传统礼物，如果在这一天，能送出一份别出心裁的礼物，往往会令老人格外高兴的。

生日报是一种不错的选择。送上长辈们出生当天的原版老报纸，这是非常有纪念意义的。这样的礼物肯定对有文化的长辈的胃口。

送热闹。老人喜欢热闹，如果在生日时请个戏班唱唱戏什么的，让街坊邻居都跟着一起热闹热闹，相信老人家肯定高兴。

送体检卡。在长辈们的住处附近找个体检中心为长辈办张体检卡，让他们检查身体，注意健康，是现在流行的生日礼物。

这一天送的礼物特别要注意以下问题：

穿衣有禁忌。参加祝寿活动的服饰宜选用色调明快、含有吉庆之意的红、黄等色。切忌穿全黑、全白的服装，也忌穿黑白相配的服装。

礼物有禁忌。年纪大的人会比较讲究，送礼时要注意一些老人家忌讳的东西。不能送钟。"送钟"音同"送终"，不吉利。不能送梨，因为"梨"与"离"谐音，意喻分离。不要送伞，"伞"与"散"谐音。不能送鞋，"鞋"与"邪"谐音，不吉利。不能送灯，"灯"与"蹬"谐音，老人家也是很忌讳的。不要给健康人送药品。

行礼有禁忌。祝寿行礼，过去一般是同辈抱拳打躬；晚辈鞠躬；有的地方儿孙辈要行跪拜礼。而现在同辈一般改为握手；晚辈或儿孙也只需鞠躬就行了。如"寿星"思想守旧，希望行旧礼而自己又不乐意时，可以托词稍做回避，不要当场拒绝以免引起不快。

言语有禁忌。寿辰是大吉大利的日子，因此要以祝贺、颂扬等吉利的语言为主。不仅对"寿星"要这样，对"寿星"的亲属以及宾客也要如此。一切易引起争论的话题都不宜在祝寿活动或席间交谈。即使过去曾与谁发生不愉快的事，见面时也应该宽宏大度，将往事搁置在一边。宴饮要有节制，不能醉酒，以免失态或失仪。

节日时的馈赠

吉祥如意过春节

春节，是充满喜庆的日子，亲朋好友之间会来往走动，这时都会带上一份礼物表达心意，礼物应当因人而异：

儿童，首选营养品，以帮助儿童身体健康成长，其次是学习用品。

送同学朋友，可选送贺年卡、年画、挂历、台历、书、纪念邮票、鲜花等。

年　画

送老人，首选健康产品，除了产品本身的功效外，还含有祝愿身体健康的意愿。但健康产品选择十分困难，因该类产品质量参差不齐，一定要选效果好、见效快、名气大的产品，尤其是选见效快的产品更关键，否则收礼人使用完礼品后仍不见效果，礼品的意义就失去了。其他的，比如印制精美的年画、挂历、台历；糖果、点心；水果、时令特产；红色中国结；适合老人的摆设等等，都很不错。

平日里不常在父母身边，对于父母的辛苦也不甚了解，总是理所当然地享受着父母温暖的关爱，却很少顾及父母不计回报的付出背后的用心良苦。好不容易回家，给父母的礼物当然是最重要的。春节回家，陪父母一起照个"合家欢"，那是送给父母最特别的春节礼物。

送出的礼物最好别具一格，让人一见倾心。总之，礼品本身的价值并不关键，最关键的是礼品的含义。选择该类礼品无固定模式。

爱深似海母亲节

母亲节创于美国，创立者是美国弗吉尼亚州的安娜·加尔维斯女士。现在世界上已有许多国家庆祝这个伟大的节日。为人子女者都想到给平日操劳的母亲送上一枝鲜花、一件礼物，表示祝贺。安娜·加尔维斯的母亲在美国南北战争结束后，曾担任弗吉尼亚州拉夫顿城一个教会主日学校的总监，讲授美国国殇纪念日课程。在讲到战争中为国捐躯的英雄的故事时，她感慨万分，认为应该给失去儿子的母亲创立一个纪念日，给母亲们一种慰藉，她对加尔维斯讲述过《圣经》中母亲的故事，并说："我们有许多以男人为对象的节日，却没有一个献给母亲的节日。我盼望并祈祷有一天会有一个纪念母亲的节日。"

1906 年 5 月 9 日，安娜·加尔维斯的母亲逝世，她万分悲痛，为了纪念母亲，立志要实现母亲遗愿，创立母亲节。在母亲逝世一周年忌日，加尔维斯在格兰夫特举办了一个纪念仪式。那天她佩戴了母亲生前最喜爱的白色康乃馨来纪念亡母，并向人们呼吁设立一个颂扬母爱的节日，在那一天为母亲送上红色康乃馨，感谢她的养育之恩。有许许多多人赶来参加这次纪念活动，并在街头形成了游行队伍。加尔维斯的这一倡议得到了大家的一致赞同，这使她在万分感动的同时也看到了希望。她到各地讲演，编印宣传品，宣扬母爱的伟大，她的倡议得到美国各地各界人士的支持。著名作家马克·吐温也特地致信加尔维斯，称赞她的这一伟大创举必将在人类历史上产生深远的影响，同时他自己也佩戴了白色康乃馨来悼念亡母。在加尔维斯的不懈努力和广大民众的大力支持下，1910 年，西弗吉尼亚成为第一个正式承认母亲节为公假日的州，一年之后，几乎所有的州都承认了母亲节。1914 年美国参众两院通过决议，规定母亲节为全国性节日，威尔逊总统也明令规定每年 5 月的第二个星期日为母亲节。此后，母亲节从美国传到了世界各国，全世界的母亲都在这一天收到了儿女送上

的康乃馨。

1934 年 5 月，美国首次发行母亲节纪念邮票。邮票上有一位慈祥的母亲，双手放于膝上，欣喜地看着前面花瓶中一束鲜艳美丽的康乃馨。随着邮票的传播，在许多人心中就将母亲节与康乃馨联系在了一起，康乃馨便成了象征母爱的花。

送母亲最好送红色和粉色康乃馨。

红色康乃馨：代表温馨、母爱，相信您的爱。

粉色康乃馨：代表热爱着您，祝您永远美丽。

而黄色，白色，杂色康乃馨就不太合适送给母亲了。

黄色康乃馨：表示蔑视，而且中国人，尤其是年纪大的人比较忌讳黄色，认为不吉利。

白色康乃馨：常用以怀念亡母，表达"吾爱永在"。

杂色康乃馨：婉转地表达"拒绝你的爱"。

在母亲节期间，我们应该表示一下自己的心意，其实，母亲并不在意你送什么给她，只要让她感觉到你的心意就可以了。所以礼物并不在于昂贵，而在于你确实是在心中想着她。

不过，如果你能了解到她的感觉，那就再好不过了；实际上你只需

稍加留心，就会知道她喜欢什么。

鲜花可以是一份特别的礼物，当然也可以选择其他的礼物，再送一束鲜花。不能想象没有鲜花的母亲节。

此外，香水、小玩意儿，甚至巧克力等都可以成为十分可爱的礼物，外加一张贺卡，写上一些温馨的话语。留意她的购物计划，如果你有经济能力，试着买来送给她。譬如，一条裙子、休闲装或者白领套装，或者是一只与众不同的发夹。

看她是否在考虑购买新的微波炉或者新的电熨斗，如果你能够支付这笔费用，买来送给她也是很好的礼物。不过，在购买这些家用电器的同时，别忘了给她一种贴身贴心的感觉，送她一瓶香水或者一束鲜花。

尽量考虑她的喜好。如果她喜欢猫，不妨送给她一只宠物或者能让人联想到猫咪的物件，例如：一幅有猫咪的绘画作品。千万当心别让她知道你正在为她准备的礼物，因为你想给她一个惊喜。

一定要和她共度一些时光，特别是如果你平日不和她住在一起。让她感到自己备受优待。这天，如有时间，最好特意为她烧一餐饭，或者为她制作一件手工艺品。另外，还可以同与她亲近的人一起为她举办一个小型聚会。

当然，如果她喜欢外出的话，就帮她成行。可能的话，最好全家一同前往。她一定会乐得心花怒放。毕竟，是她照料着一家老小。剧院里的一场特别节目或者户外郊游都能使她感受到你对她的格外关注，令她感到温暖贴心。

情重如山父亲节

母亲节已经被世人认可，父亲可有人关注？早在 1909 年就开始有人建议确定父亲节。相传提出此建议的第一人是华盛顿的约翰·布鲁斯·多德夫人。多德夫人的母亲早亡，她父亲独自一人承担抚育孩子的重任，将他们全部培养长大成人。多德夫人十分感念父亲养育之恩，1909 年想要为他举行个庆祝活动，与此同时，又想到天下所有父亲对家庭和社会的贡献，便给当地一家教士协会写信，建议把 6 月的第三个星期日定为父亲节，并获得承认。

1910 年 6 月，人们便在华盛顿庆祝了第一个父亲节。当时约定凡是父亲已故的人都佩戴一朵白玫瑰，父亲在世的人则佩戴一朵红玫瑰。这种习俗一直流传至今。但是刚开始各地庆祝父亲节的日期都不相同，有的地方还用蒲公英作为父亲节的象征，有的地方则用衬有一片绿叶的白丁香作为父亲节的象征。美国国会统一规定6月的第三个星期日为父亲节，则已经是1934年6月的事情了。

从此全世界有二十多个国家通过各种方式庆祝父亲节，比如教堂仪式、送卡和礼物等。每年这天前后全美国要为父亲们花费十多亿美元礼品费，但礼品种类上除了领带和美酒以及雪茄烟外，其他东西很少，所以许多人认为给父亲买礼物最难。实际上不少有趣的、合适的礼物是会令父亲们开心的，比如说贺卡、鲜花及自己亲手制作的小礼物。

父亲节，可送黄色的玫瑰和百合，有的国家把黄色视为男性的颜色。爸爸是子女心目中的英雄，父亲节这天送的花可传达儿女对父亲的崇敬和热爱。像石斛兰、康乃馨、满天星、玫瑰、一叶兰等，都能表达对父亲的款款深情。

为了全家人的温饱，从早到晚忙碌的父亲非常辛苦，因此在父亲节这一天可以送给他充满爱的礼物表示感激之情。

1. 他最爱吃的食物

为了养家，父亲平时往往舍不得吃舍不得喝，适时送给他喜欢吃的食品，会让他格外高兴，劳累的身心也会得到极大的慰藉。

2. 在企业上班的父亲——整套信封信纸

在一般银行或大规模企业公司上班的话，可以把公司名称和父亲的名字印在信封、信纸上面，不但有亲切感，也能令他充满成就感。

3. 头发稀少的父亲——男性专用生发剂

"啊！头发怎么越来越少了……"为这件事颇为操心的父亲，是不是该替他想想办法呢？可以把各式各样的生发剂都买回来，用较朴素的包装包好，放在明显的地方。

4. 疲惫的父亲——立马见效的营养剂

鹿茸、人参、灵芝这些补品，对于体力的恢复应该很有效果。不妨到药房买一瓶，然后用金色的包装纸仔细包好，并附注："父亲，希望你永远充满活力!"再恭恭敬敬地交给他。

5. 吸烟过多的父亲——戒烟

"点燃的是香烟,燃烧的是生命"、"一人吸烟,殃及全家"……把这些标语贴在墙壁上,帮助他戒烟。

端午、中秋的馈赠

农历五月五日端午节,是我国夏季最重要的节日。每到这一天,人们都会赛龙舟、吃粽子。所以,端午节,自然要送粽子,这是端午节最传统的礼品。此外,腌制咸蛋、皮蛋打成礼包,这也是端午节常送的传统礼物。

中秋节是中国传统的三大节日之一,又称月夕、秋节、八月节、八月会、追月节、拜月节,唐朝时还被称为"端立月",流行于全国众多民族中。时间在农历八月十五,恰值三秋之半,故名中秋节。在中秋之夜,月球距地球最近,月亮最大、最圆、最亮,故而从古至今,中国人都有饮宴赏月的习俗,也因此,中秋节又被称为"团圆节"。

中秋节礼物,最常见的自然是月饼,它象征中秋节的团圆。

中秋送月饼,需要注意的是:不是所有的人都适宜吃月饼,体质不同的人,能吃什么月饼,什么月饼当少吃,都是有区别的。

脾虚体热不宜吃月饼:月饼性偏热,脾胃虚弱的人吃月饼,会加重肠胃负担,导致消化不良,最多只能吃一点豆沙馅的月饼。体内偏热的人也不可多吃月饼,否则不易消化,还可能让内火上升,出现长痘痘、便秘、牙龈浮肿等症状。

糖尿病人慎吃含糖月饼,否则会导致血糖增高。患有高血压、心血管病的人也不宜多吃含糖月饼,否则会导致肠胃负担增加,从而使血液集中在胃部,身体的其他部位出现血供不足,导致头晕等。

不宜多吃巧克力馅月饼。因为巧克力是大热食物,会进一步加重内热,影响消化功能。另外食物堆积在胃部,也会影响呼吸功能,导致胸口发闷、感到憋气,使心肺机能受损。

冰淇淋月饼同样宜少食。脾胃虚寒者,吃了会引起胃部不适;体质偏热者,虽然吃了冰冻月饼后感到很爽,但物极必反,大寒反而会激发出大热。有的病人食用冰淇淋月饼几天后,就出现连续腹泻、浑身发烫、血热等症状。

感念师恩教师节

每年的 9 月 10 日为教师节。在中国这个素有尊师重教光荣传统的国度里,教师节这天,学生们对辛勤教

书育人的老师都要以自己的方式表示对培育自己成长的老师的敬意，给老师赠送一件意味深长的小礼品。当然他们都是无私的，对你所送的礼品并不苛求。送给他们的礼品并不一定要昂贵，但一定要别具一格。最常见的小礼品是贺卡和鲜花。

贺卡可以在礼品商店里买到。这类贺卡印制相当精致，贺卡上还印有赠言，选择一张精致的、并有一段印有自己想说的赠言，无疑是理想的小礼品。当然，送给老师的贺卡，也可以自己动手制作。其实自己制作的贺卡，虽然不及购买的贺卡精致，但是，所表达的心意却是一样的。特别是在现成的贺卡上没有你满意的赠言时，你就可以写上你想对老师要说的话，这种自制的贺卡更能表达学生对老师的心愿。

在教师节给敬爱的老师送上一束寓意丰富的鲜花，以表我们的心意，这是理所应当的。由于老师常被比喻为母亲，可送康乃馨，表示师恩似海，老师给予学生的关怀与爱护，学生终生难忘。而向日葵、花毛茛、玫瑰、鹤望兰、马蹄莲、文竹也都会令恩师很开心的。

君子之德——兰花、君子兰

品格高洁——菊花、荷花

敬慕光辉——向日葵

感念师恩——鸢尾花、郁金香

桃李满天下——红叶李

杏坛伟业——杏花：孔子杏坛讲学，"杏坛"便也成为教育界的代名词，向老师赠送杏或杏花，表明将铭记老师的培育之恩。

给老师的礼物不具一格，一封情感诚挚的感谢信、家做的糕点、面包或蜜饯等都是很受欢迎的；要是知道老师正打算去休假或去旅游，弄清他（她）要去的地方，然后给老师送上导游手册、语音磁带、旅行用品或一只提包，会收到意想不到的效果；已经工作了很久的教师或许会喜欢以他（她）的名义给学校的图书馆送几本特别的书，或者给系里或班级里送特别的教具，这样他（她）会非常开心。

当然，普通书店或音乐书店的礼品券、讲座或文体活动的入场券、老师感兴趣的杂志、供摆在桌上的照片架、书挡或藏书印记、水晶玻璃或陶瓷花瓶、磁性记事本等未必不是最好的礼品。

孔子说："岁寒然后知松柏之后凋也。""至圣先师"孔子对松柏之坚贞，十分赞佩。因此，学生多选用扁柏或松枝，表示对老师的敬意；有的学生用几枝康乃馨象征师生之情亲密无间，再配以一枝满天星，表示老师辛苦传道、授业、解惑后学生的成就累累。

重阳敬老正当时

农历九月初九的重阳佳节有登高、赏菊、喝菊花酒、吃重阳糕、插茱萸等习俗。

登高。在古代，民间在重阳有登高的风俗，故重阳节又叫"登高节"。相传此风俗始于东汉。登高所到之处，没有统一的规定，一般是登高山、登高塔。

吃重阳糕。据史料记载，重阳糕又称花糕、菊糕、五色糕，制无定法，较为随意。九月九日天明时，以片糕搭儿女额头，口中念念有词，祝愿子女百事俱高，乃古人九月做糕的本意。讲究的重阳糕要做成九层，像座宝塔，上面还做成两只小羊，以符合重阳（羊）之义。有的还在重阳糕上插一小红纸旗，并点蜡烛灯。当今的重阳糕，无固定品种，各地在重阳节吃的松软糕类都称之为重阳糕。

赏菊、饮菊花酒。重阳节正是菊花盛开之季。据传，赏菊及饮菊花酒起源于晋朝大诗人陶渊明。民间还把农历九月称为"菊月"，在菊花傲霜怒放的重阳节里，观赏菊花成了节日的一项重要内容。

插茱萸和簪菊花。重阳节佩戴茱萸，在晋代就有记载，唐代时已盛行。古人认为在重阳节这一天插茱萸可以避难消灾；或佩戴于臂，或做香袋把茱萸置于里面佩戴，还有插于头上的。除了佩戴茱萸，人们也有头戴菊花的。清代，北京重阳节的习俗是把菊花枝叶贴在门窗上，"解除凶秽，以招吉祥"。这是头上簪菊的变俗。

重阳节又称老人节，是我们青少年朋友孝敬长辈最好的时候，选择这个时候给长辈们送上一份"健康礼"或特别的祝福，一定会令他们喜笑颜开的。

送给老人的礼物，以下可以作为参考。

保健器材：健身器材通过改变运动难度，并根据配备的电子仪表的显示，来指导、调整锻炼者的锻炼强度，其运动感受舒适，操作使用简单方便，是送长辈的最佳选择！还有营养保健品、保健枕、心脏保护神、脊椎医护腰垫、微电脑按摩垫、足疗健康之路等都是送给长辈最好的礼品！

水果礼篮：选择一个水果礼篮会比较合适，能体现对长辈的一片心意。花篮内有水果，旁边插上些鲜花，如马蹄莲、百合或鹤望兰等，就是一份既实惠又得体的礼物。

对于许多老年人来说，物质上的温饱，远不及后辈的关心，精神上的充实更为重要。吃得好、穿得暖不是幸福，老年人需要身边亲人的了解和理解。可惜很多做儿女的都遗忘了老人的精神世界，使老人在"精神遗弃"中变得抑郁、空虚、寂寞。

作为儿女，重阳节为父母准备的礼物其实可以很简单。你可带老人登高赏景，或者把酒观菊，与老人分享快乐；或者就在家里陪着老人说些知心话；又或者送老人一件实用又有特别意义的礼物，或陪父母出门走一走，这些都会是令父母感动的礼物。

总之，只要能给父母一点关爱就好。你的一句宽慰的话语、一个温馨的电话、一件有意义的礼物，对父母而言，那就是惊喜、慰藉和温暖。

重阳节一般都是给老人送礼物。最好事先打个电话，多说些祝福的话，老人爱听，也表达了自己的心意！

雪花飘飘圣诞到

圣诞节是西方的"过年"，现在中国人，特别是中国的青少年也过起了圣诞节。在圣诞节可不要只顾自己高兴，你们的父母也需要浪漫的调剂、温情的滋润。你可以在圣诞节以父亲名义给母亲送一束鲜花。这束花要表达的是无限温情、恩爱，所以用康乃馨或百合为主体，配以花瓶最适合。送的时候当然不能亲自送，不过一定要在场，注意事态的发展，看看有没有必要透露你的顽皮。然后，一家人一起共享天伦之乐吧。

圣诞节常常随着雪花而来，这天最适合送一品红、圣诞树，或是黄色百合及红花绿叶组成的花环，把新年的热闹送给亲友。

一品红：又称"圣诞红"，通常一盆一盆送。圣诞红的红绿对比色是温暖的色彩，是一种温馨幸福的感受，是一种愉悦欢乐的气氛。

仙客来：是西方国家的圣诞用花。

百合：圣洁吉祥。

蓬莱松：翠绿长寿的美好圣诞祝福。

鹤望兰：象征吉祥、快乐、自由、友好、幸福，通常由热恋中的情侣相送。

玫瑰：红艳艳的玫瑰，与圣诞白皑皑的冰雪映衬，正好添了几分节日的气氛。

马蹄莲：圣洁虔诚、吉祥如意。

火鹤花：又称红掌，象征热烈豪放、热情似火。

圣诞节可送的礼物很多，在此提供以下两个方案：

1. 圣诞帽和棒棒糖

青少年朋友可以给自己的弟弟妹妹买一顶软软的红绒布圣诞帽，再买一袋大棒棒糖，中间有块泡泡糖的那一种。在小家伙的学校或者幼儿园里，事前跟老师联系好，让小家伙亲自扮演一回圣诞老人。想象一下吧！那个稚气未脱的圣诞"小"人，戴着红红圣诞帽，为他的亲密同窗发糖果，多有意思。

2. 圣诞烛光晚宴

火鸡与布丁超市都有成品出售。买下来送给亲友，这些食品只要用微波炉加热三五分钟，立刻可以享受：火鸡金黄，布丁醇香。再做一个水果沙拉：一只橙子、两枚香蕉、三颗猕猴桃外加一个大富士苹果，切成小块，放进精美的雕花玻璃盆中，拌上浓浓的沙拉酱，好诱人哦！铺上红格子桌布，摆好金色的水果烛台，点燃

螺旋状蜡烛，将果汁斟满高脚杯，千禧圣诞大餐开始了！

附录：中国重要节日的由来与礼仪

了解中国重要节日的由来与相关礼仪，对于我们在人际交往中馈赠什么礼物、怎样送礼是有启发意义的，现在分别简介一下：

元旦

"元旦"一词最早出自南朝梁人萧子云《介雅》诗："四气新元旦，万寿初今朝"。元是开始，第一的意思；旦是会意字，上面的"日"表示太阳，下面的"一"表示地平线。太阳从地平线上升起，象征一天的开始。元旦，就是一年的第一天。

公历1月1日，是当今世界公认的元旦节。我国历代的元旦，日期并不一致。如夏代是正月初一；商代在十二月初一；周代在十一月初一，等等。1949年9月27日，中国人民政治协会第一届全体会议通过使用"公元纪年法"，将公历1月1日定为元旦。

春节

农历的一岁之首，俗称"大

年"。春节的来历，在我国大约有4000多年的历史了。它是我国民间最热闹、最隆重的一个传统节日。古代的春节，是指农历二十四个节气中的"立春"时节，南北朝以后才将春节改在一年岁末，并泛指整个春季，这时大地回春，万象更新，人们便把它作为新的一年的开始。到了辛亥革命后的民国初年，改农历为公历——"阳历"后，便将正月初一定为春节。直到1949年9月27日，中国人民政治协商会议上才正式把正月初一的新年定为"春节"，因而至今仍有许多人将过春节叫过年。

过年是汉族人民最大的传统节日。从农历腊月初开始，人们争相购置年货，城乡排练社火，筹备过年。

腊月初八日须吃"腊八粥"，即煮杂粮粥，米粥煮得很香，不吃菜。除人吃外，还须向天地泼撒一些，以示敬神祈求平安。传说释迦牟尼在这一天得道成佛，因此寺院每逢这一天煮粥供佛，以后民间相沿成俗，直至今日。

腊月二十三，俗称"灶火娘娘上天"，灶神要去转娘家，兼言人的善恶，所以晚上取下灶爷像诚心焚化，并须献"灶干粮"，让灶神带上。此后须上坟祭祖，扫房，贴窗花。

大年三十晚上叫除夕。"除"，

本义是"去"，引申为"易"、"交替"；"夕"字的本义原是"日暮"，引申为"夜晚"。故而除夕之夜，便含有"旧岁到此而除，明日另换新岁"的意思。"除"乃除旧布新之意。除夕最早源于先秦时期的"逐除"。据《吕氏春秋·季冬记》记载，古人在新年的前一天，用击鼓的方法来驱除"疫疠之鬼"，来年才会无病无灾。这就是"除夕"节的由来。"除夕"在古时还有许多别称，如除夜、逐除、岁除、大除、大尽等等。称呼虽多，但总不外乎送旧迎新、祛病消灾的意思。腊月三十贴新对子、门神、五福，内外打扫整洁。傍晚，用"醋坛神"（将圆水岗石烧红，放在醋碗内到各屋及畜禽圈转一圈）清洁家中，然后鸣炮请神。一般家中都用黄纸签定"福禄寿三大财神"、"三代宗祖"两个神位牌，用香、表、酒、马、馒头虔诚供奉。之后晚辈给长辈拜年，长辈给晚辈发压岁钱，吃猪肘子、头肉，俗称"咬鬼"。之后守到天亮，俗称"守岁"。

正月初一天刚亮，鸣炮"迎喜神"，吃臊子面，然后到村上各家给老人拜年。至初五，忌讳做针线活、扫地、动切刀、犯口舌等，以祈求一年吉利。初五日一般都要吃面搅团，俗谓"缠五穷"，并清除院内外垃圾，洗脏衣服称"扫五穷"。初七俗称人日，吃长寿面，上香放炮。据传说，正月初一日为鸡日，初二日为狗日，初三日为猪日，初四日为羊日，初五日为牛日，初六日为马日，初七日为人日。

元宵节

又称"上元节"，即阴历正月十五日，是我国一个重要的传统节日。在古书中，这一天称为"上元"，其夜称"元夜"、"元夕"或"元宵"。元宵这一名称一直沿用至今。由于元宵有张灯、看灯的习俗，民间又习称为"灯节"。此外还有吃元宵、踩高跷、猜灯谜等风俗。我国古代历法和月相有密切的关系，正月十五，人们迎来了一年之中第一个月满之夜，这一天理所当然地被看作吉日。早在汉代，正月十五已被用作祭祀天帝、祈求福佑的日子。后来古人把正月十五称"上元"，七月十五称"中元"，十月十五称"下元"。最迟在南北朝早期，三元已是要举行大典的日子。三元中，上元最受重视。到后来，中元、下元的庆典逐渐废除，而上元经久不衰。

妇女节

三八妇女节又称国际妇女节，是世界各国妇女争取和平、平等、发展的节日，节期在每年三月八日。一个世纪以来，各国妇女为争取到这一权利做出了不懈的努力和斗争。

1909 年 3 月 8 日，美国伊利诺伊州芝加哥市的女工和全国纺织、服装业的工人举行规模巨大的罢工和示威游行，要求增加工资、实行 8 小时工作制和获得选举权。这是历史上劳动妇女第一次有组织的群众斗争，充分显示了劳动妇女的力量。斗争得到全国乃至世界其他国家妇女群众的广泛同情和热烈响应，最后取得了胜利。

第一次世界大战前，战争的阴影笼罩着世界，帝国主义企图瓜分殖民地。1910 年 8 月，在丹麦首都哥本哈根召开了国际社会主义者第二次妇女代表大会。出席会议的有 17 个国家的代表，会议讨论的主要问题是反对帝国主义扩军备战，保卫世界和平；同时还讨论了保护妇女儿童的权利，争取 8 小时工作制和妇女选举权问题。领导这次会议的著名德国社会主义革命家、杰出的共产主义战士克拉拉·蔡特金倡议，以每年的 3 月 8 日作为全世界妇女的斗争日，得到与会代表的一致拥护。从此以后，"三八"妇女节就成为世界妇女争取权利、争取解放的节日。

1911 年的 3 月 8 日为第一个国

际劳动妇女节。

我国于 1922 年开始纪念"三八"节。中国妇女第一次群众性的纪念"三八"节活动是 1924 年在广州举行的。

1949 年 12 月，中央人民政府政务院规定每年的 3 月 8 日为妇女节。联合国从 1975 年国际妇女年开始庆祝国际妇女节，确认普通妇女争取平等参与社会的传统。1977 年大会通过了一项决议，请每个国家按照自己的历史和民族传统习俗，选定一年中的某一天为联合国妇女权利和世界和平日。对联合国而言，国际妇女节定为 3 月 8 日。

寒食节

旧俗中的一个节日，在清明节前一天，也有的说是清明前两天。春秋时，在外逃亡多年的晋国公子重耳回国即位，即晋文公。他封赏随其逃亡的臣子，唯独漏掉了介之推。介之推于是携老母隐居绵山（今山西省介休县东南）。晋文公得知后欲加封赏，寻至绵山，找不到他，便想烧山逼他出来。但介之推坚持不出，结果母子二人俱被烧死。晋文公于是规定每年这一天禁止人们起火烧饭，以寒食表示悼念。后来便形成了在寒食这天不开火、寒食扫墓的风俗。

清明节

清明节是我国传统节日，也是最重要的祭祀节日，是祭祖和扫墓的日子。扫墓俗称上坟，是祭祀死者的一种活动。汉族和一些少数民族大多都是在清明节扫墓。按照旧的习俗，扫墓时，人们要携带酒食果品、纸钱等物品到墓地，将食物供祭在亲人墓前，再将纸钱焚化，为坟墓培上新土，折几枝嫩绿的新枝插在坟上，然后叩头行礼祭拜，最后吃掉酒食回家。唐代诗人杜牧的诗《清明》："清明时节雨纷纷，路上行人欲断魂。借问酒家何处有？牧童遥指杏花村。"写出了清明节的特殊气氛。

清明节，又叫踏青节，按阳历来说，它是在每年的 4 月 4 日至 6 日之间，正是春光明媚、草木吐绿的时节，也正是人们春游的好时候，所以古人有清明踏青，并开展一系列体育活动的习俗。

劳动节

国际劳动节又称"五一国际劳动节"、"国际示威游行日"，是世界上大多数国家的劳动节，定在每年的 5 月 1 日。它是全世界无产阶级、劳动人民共同拥有的节日。

1886 年 5 月 1 日，芝加哥的

216816 名工人为争取实行 8 小时工作制而举行大罢工，经过艰苦的流血斗争，终于获得了胜利。为纪念这次伟大的工人运动，1889 年 7 月，第二国际宣布将每年的 5 月 1 日定为国际劳动节。这一决定立即得到世界各国工人的积极响应。1890 年 5 月 1 日，欧美各国的工人阶级率先走向街头，举行盛大的示威游行与集会，争取合法权益。从此，每逢这一天世界各国的劳动人民都要集会、游行，以示庆祝，并公众放假。

中国人民庆祝劳动节的活动可追溯至 1918 年。这一年，一些革命的知识分子在上海、苏州、杭州、汉口等地向群众散发介绍"五一"的传单。

1920 年 5 月 1 日，北京、上海、广州、九江、唐山等各工业城市的工人群众浩浩荡荡地走上街头，举行了声势浩大的游行、集会。李大钊专门在《新青年》上发表了《"五一"运动史》，介绍"五一"节的来历和美法等国工人纪念"五一"的活动，号召中国工人把这年的"五一"作为觉醒的日期。在北京，一些青年外出宣传，散发《五月一日劳工宣言》，唤起工人为反对剥削、争取自身权利而斗争。这是中国首次纪念"五一"国际劳动节的活动，也是中国历史上的第一个"五一"劳动节。

国际劳动节的意义在于劳动者通过斗争，用顽强、英勇不屈的奋斗精神，争取到了自己的合法权益，是人类文明民主的历史性进步，这才是五一劳动节的精髓所在。所以，人们才这么注重劳动节。

端午节

阴历五月初五日为"端午节"。"端午"本名"端五"，端是初的意思。"五"与"午"互为谐音而通用，是我国的一个古老节日。我国古代最早的爱国诗人屈原遭谗言诬陷被放逐后，目睹楚国政治日益腐败，又不得实现自己的政治理想，无力拯救危亡的祖国，于是自投汨罗江以殉国。此后，人们为了驾舟救屈原而兴起了赛龙舟的习俗，为了不使鱼虾吃掉其尸体，纷纷用糯米和面粉捏成各种形状的饼子投入江心，这便成为后来端午节吃粽子、炸糕的来源。这风俗已传到了国外。

儿童节

国际儿童节，它是保障世界各国儿童的生存权、保健权和受教育权，为了改善儿童的生活，为了反对虐杀儿童和毒害儿童的节日。

1925 年 8 月在瑞士日内瓦召开的关于儿童福利的国际会议上，首次提出了"国际儿童节"的概念。

这次大会有 54 个国家的爱护儿童代表，聚集在瑞士日内瓦举行"儿童幸福国际大会"，通过《日内瓦保障儿童宣言》。宣言中，对于儿童精神上应有的享受、贫苦儿童的救济、儿童危险工作的避免、儿童谋生机会的获得，以及怎样救养儿童等问题，均有热烈讨论。

自此次大会后，一方面藉以鼓舞儿童，让儿童感到幸福、快乐，另一方面也为引起社会重视与爱护，各国政府都先后规定"儿童节"。

在第二次世界大战期间，1942年6月，德国法西斯枪杀了捷克利迪策村 16 岁以上的男性公民 140 余人和全部婴儿，并把妇女和 90 名儿童押往集中营。村里的房舍、建筑物均被烧毁，好端端的一个村庄就这样被德国法西斯给毁了。为了悼念利迪策村和全世界所有在法西斯侵略战争中死难的儿童，反对帝国主义战争贩子虐杀和毒害儿童，保障儿童权利，1949 年 11 月国际民主妇女联合会在莫斯科召开执委会，正式决定每年 6 月 1 日为全世界少年儿童的节日，即国际儿童节。

在那战火纷飞的年代，硝烟中的中国孩子的童年难免痛苦和愤怒，但苦难的童年也有明快和热情。中国抗日儿童团的建立，让那时的孩子也有了自己的节日——儿童节，不过，那时的儿童节是 4 月 4 日。

老儿童团员回忆说，到儿童节这天，只要日本人不来"扫荡"，县里、区里都要组织活动、开大会。有时举行唱歌比赛，有时组织操练，几个村的儿童团还较着劲，看谁歌唱得好，操练得整齐，得了优胜还有奖，奖品是铅笔等。

从 1949 年开始，中华人民共和国正式定每年 6 月 1 日为儿童节。学校一般会为此组织相关的集体活动，并要求学生正式着装。

香港、台湾是中国领土的一部分，但民间在约定俗成下，两地的儿童节日期仍保留过去的传统为 4 月 4 日。民间庆祝的方式多以送玩具礼物给小朋友，或陪小孩出外吃大餐、游玩。

七夕情人节

阴历七月七日的晚上称"七夕"。我国民间传说牛郎织女此夜在天河鹊桥相会，后有妇女于此夜向织女星穿针乞巧等风俗。所谓乞巧，即在月光下对着织女星用彩线穿针，如能穿过七枚大小不同的针眼，就算很"巧"了。农谚上说"七月初七晴皎皎，磨镰割好稻"。这又是磨镰刀准备收割早稻的时候。

中秋节

阴历八月十五日，这一天正当秋季的正中，故称"中秋"。到了晚上，月圆桂香，旧俗人们把它看作大团圆的象征，要备上各种瓜果和熟食品，是赏月的佳节。中秋节还要吃月饼。据传说，元朝末年，广大人民为了推翻残暴的元朝统治，把发起暴动的日期写在纸条上，放在月饼馅子里，以便互相秘密传递，号召大家在八月十五日起义。终于在这一天爆发了全国规模的农民大起义，推翻了腐朽透顶的元朝统治。此后，中秋吃月饼的风俗就更加广泛地流传开来。

重阳节

阴历九月初九。我国古代以九为阳，九月九日正是阳月阳日，故名"重阳"。相传东汉时汝南人桓影，听到费长房对他说，九月九日汝南将有大灾难，赶快叫家里人缝制小袋，内装茱萸，缚在臂上，登上高山，饮菊花酒，借以避难。桓景这一天全家登山，晚上回家，果然家里的鸡、狗、羊全部死掉。从此，民间就有在重阳节做茱萸袋、饮菊花酒、举行庙会、登高等风俗。因"高"与"糕"音同，所以重阳节又有吃"重阳糕"的习俗。唐代诗人王维有《九月九日忆山东兄弟》一诗："独在异乡为异客，每逢佳节倍思亲。遥知兄弟登高处，遍插茱萸少一人"。记载了当时的风俗习惯。由于该诗感情真挚，至今脍炙人口。

教师节

尊师重教是中国的优良传统，早在公元前11世纪的西周时期，就提出"弟子事师，敬同于父"，古代大教育家孔子更是留下了"有教无类"、"温故而知新"、"三人行必有我师"等一系列至理名言。传道授业解惑的教师，被中国人誉为人类灵魂的工程师。

1932年，民国政府曾规定6月6日为教师节，中华人民共和国成立后废除了，改用"五一国际劳动节"为教师节，但教师节没有单独的活动，没有特点。而将教师节定在9月10日是考虑到全国大、中、小学新学年开始，学校要有新的气象。新生入学开始，即尊师重教，可以给"教师教好、学生学好"创造良好的气氛。

1985年1月21日，第六届全国人大常委会第九次会议作出决议，将每年的9月10日定为我国的教师节。1985年9月10日，是中国恢复建立的第一个教师节，从此以后，老师便有了自己的节日。

而世界教师节是在每年的 10 月 5 日，为纪念 1966 年国际劳工组织（ILO）和联合国教科文组织（UNESCO）联合颁布《关于教师地位的建议案》，联合国教科文组织于 1994 年将每年的 10 月 5 日定为世界教师节。

国庆节

1949 年 10 月 1 日，是新中国成立的纪念日。这里应该说明一点，在许多人的印象中，1949 年的 10 月 1 日在北京天安门广场举行了有数十万军民参加的中华人民共和国开国大典。其实，人们头脑中的这一印象并不准确。因为，1949 年 10 月 1 日在天安门广场举行的典礼是中华人民共和国中央人民政府成立盛典，而不是开国大典。实际上，中华人民共和国的"开国"，也就是说中华人民共和国的成立，早在当年 10 月 1 日之前一个星期就已经宣布过了。当时也不叫"开国大典"，而是称作"开国盛典"。时间是 1949 年 9 月 21 日。这一天，中国人民政治协商会议筹备会主任毛泽东在政协第一届会议上所致的开幕词中就已经宣告了新中国的诞生。

那么 10 月 1 日的国庆又是怎么回事呢？在中国人民政治协商会议第一届全国委员会第一次会议上，鲁迅的夫人许广平发言说："马叙伦委员请假不能来，他托我来说，中华人民共和国的成立，应有国庆日，所以希望本会决定把 10 月 1 日定为国庆日。"毛泽东说"我们应作一提议，向政府建议，由政府决定。"1949 年 10 月 2 日，中央人民政府通过《关于中华人民共和国国庆日的决议》，规定每年 10 月 1 日为国庆日，并以这一天作为宣告中华人民共和国成立的日子。

从此，每年的 10 月 1 日就成为全国各族人民隆重欢庆的节日了。

冬至

在我国古代对冬至很重视，冬至被当作一个较大节日，曾有"冬至大如年"的说法，而且有庆贺冬至的习俗。《汉书》中说："冬至阳气起，君道长，故贺"。人们认为：过了冬至，白昼一天比一天长，阳气回升，是一个节气循环的开始，也是一个吉日，应该庆贺。《晋书》上记载有"魏晋冬至日受万国及百僚称贺……其仪亚于正旦"。说明古代对冬至日的重视。

现在，一些地方还把冬至作为一个节日来过。北方地区有冬至宰羊、吃饺子、吃馄饨的习俗，南方地区在这一天则有吃冬至米团、冬至长线面的习惯。各个地区在冬至这一天还有祭天祭祖的习俗。

离别时的馈赠

前路漫漫，山河苍茫，人生曲折难料，离别终究难免。一份别致的小礼物，能成为永久的纪念。

多情自古伤别离。那么，在和家人、恋人不得不分离时，怎么表达你们之间那难舍难分的感情呢？在与同学朋友即将分别时，又怎样去表达你们之间难忘的友谊？

在别离时，许多人会选择一件恰当的礼物相赠，这样既会使别离者睹物思人，又能激励他们在异地他乡，更加发奋图强，拼搏进取。

选择送别时的礼品，应能体现两人往日的感情，以及表达对他今后的希望。送给文友一支精美的钢笔，希望他能在今后的道路上更加勤奋笔耕；给喜欢摄影的朋友送一本相册，希望他能拍摄出更多更好的作品；送给棋友一副棋，愿他能常常想起自己，日后能在棋艺上大有长进。

送别时还可选用一些象征性的礼品相赠。如朋友远行，送一只扬帆的银色工艺船，祝他一帆风顺；邻里搬迁新居，送上几幅字画会显得很适用和更有意义；同事调动工作，大伙儿凑点钱，送上一个高级热水瓶，象征彼此的心是热的，友谊是长存的。

送别的礼品有：

1. 鲜花、点心、水果或书籍杂志，附上一张卡片，祝他一路平安；

2. 一本纪念册或精美的电话簿，在纪念册上留下赠言，送给即将离别的同学；

3. 剪一束秀发系一个结，放在锦盒里送给即将远行的他；

4. 把你们最爱看的电影碟片包装好送给对方；

5. 纪念表，象征你们的情感或友谊。

离别之时赠花，万种离情，都化作鲜花碧草的回忆。古代有送别之风，吟诗和词，风雅之至，唐宋之际已成为时尚。

官府常在官道旁建筑亭舍，供官府衙门、民间亲朋作饯别、迎迓之用，于是便有十里长亭、五里短亭之别，朋友送别的礼仪常常有酒，但又很简朴，往往折柳祝愿。

送别的花木有：

1. 芍药，又名"将离"，表示依依惜别，长相思念，适合在恋人及亲人远行时相送；

2. 玫瑰，代表爱情，可在即将

远行的恋人衣襟上佩上一朵，让您的款款深情跟随他（她）到天涯海角；

3. 柳枝，柳谐音"留"，送行者欲借柳枝表示最后的挽留。柳枝冬枯春荣，赠柳枝盼游子早归。柳枝随插随活，赠柳祝愿远行者随遇而安；

4. 杜鹃花，杜鹃鸟啼杜鹃花开，游子听到声声"不如归去"的啼唤，不免触景生情。赠一盆家乡的杜鹃花，可慰游子的思乡之情。

不同人际间的馈赠

同学间的馈赠礼仪

同学在朝夕相处、共同学习的过程中，建立了真挚的友情。难忘校园那条幽静的小径，难忘那一刻同学送你礼物时友爱的目光。这种友谊随着时光的流逝，会变得越来越深厚。

也许在校期间，你们也会为一些小事磕磕绊绊，但时隔不久，你们都反省到自己的不对，于是，一件表示道歉的礼物让你们又和好如初了。

同学生病了，你为他担心；同学康复了，你又为他高兴；同学失败了，你为他难过；同学获奖了，你为他祝贺……校园里，每天会发生感人的故事，而这些故事的背后，常常伴有礼物的传递！

同窗数年，终有一别。毕业了，大家都要各奔东西，献给彼此的，除了惋惜、留恋、悲伤、泪水，还有别具一格、表达情谊的礼物！

几乎每个人都收到过同学赠送的礼物，礼物记载着你在校园里活动的历史，记载着你和同学永恒的情谊。许多人一生中都保存着这个时期的礼物，将它视为永生难忘的记忆。

给同学送礼最好把握以下几个原则：

一、送文化

同学在一起学习和生活的过程中，容易形成相同的志趣和性情，进而发展成友情。

送同学的礼物往往能表达您的志趣，将你的好感、善意、友谊传达给对方，此时，礼物进一步拉近了你们

KUIZENG LIYI

馈赠礼仪

之间的距离。

同学之间送礼不宜过多过重，应选择那些高雅而又花钱不多的精神文化类礼品。

二、送祝愿

美好的祝愿在校园里流行蔓延，生日、圣诞节、情人节，还有你认为特殊的日子，一张贺卡，一束鲜花，都是你发自内心的美好祝愿。

同学送的礼物就是鼓励，鼓励你战胜困难，鼓励你摒弃自己的缺点。礼物在不言不语中，祝愿已到了你的心坎里。

三、送纪念

同学之间送的礼物要具有纪念意义，想想看，在成长的过程中，有多少值得纪念的事情？你第一次拿到奖学金，同学的礼物值得留念；那次你生病了，父母不在身边，同学送来的磁带和书籍值得珍藏；大学时代那位男生送来的一只音乐盒，保留着您人生最初的朦胧恋情。

人生总是不断的道别，每天都要说"明天见"的同学，今天就要分别了。几乎一整天都腻在一起的死党，也将分散四方，各奔前程。只要到学校附近常去的求知亭一坐，必定能碰到许多熟识的面孔，但以后再也不会有这种情景了。

同学毕业相赠的礼物依然攥在手中，但列车离别的汽笛声已经远去，多少年后，你细细保存的这份礼物，总是你心中难以割舍的怀念。

师生间的馈赠礼仪

教师节给老师送上一份礼物，表达自己的敬戴和感激之情是必要的，但要遵循这样三个原则：

一是感恩。父母对孩子有生养之恩，而老师教书育人，对孩子有培养之恩。学生送老师的礼物，要能表达这种恩情。

二是尊敬。老师为培育学生，可谓兢兢业业、孜孜不倦，将自己的青春和一生献给了平凡的教育事业，这是值得人们尊敬的。为老师献上的礼物，要能表达学生的尊敬之意。

三是纪念。学生总是要毕业的，但教师的形象在学生的心目中却是永

远美好的。节日来临时，可以给老师送份礼物，表达对学生时代的怀念。

"春蚕到死丝方尽，蜡炬成灰泪始干。"这是对教师的赞颂，多年的心血培育了满园桃李。许多学子却难忘老师们的教诲，奉上一点小礼物表达自己"寸草"之心。

特别是一年一度的教师节，大家可能都想给自己的现在的或者曾经的老师送上一份教师节礼物，表达自己心中的敬意和爱戴。那么，我们在给老师送礼物应该注意些什么呢？

1. 不要送太贵重的礼物，否则，显得太过功利，多半会被老师拒绝，而且对自己也是个负担。

2. 千万不要直接去问老师喜欢什么礼物，这样多半会遭到拒绝，诚意也会受到怀疑。

3. 不要与人攀比，礼物只是代表一点心意，并不代表接受礼物的老师一定会因此特别照顾你。

4. 不要送一些不切实际的礼物给老师，如礼服或者高档的首饰等，要考虑老师在日常生活中能否应用你送的礼物。

5. 谨记除去价钱牌及商店的袋装，无论礼物本身如何不名贵，最好用包装纸包装，有时细微的地方更能显出送礼人的心意。

6. 礼物的价格并不是主要的决定因素，有些自己制作的礼物，更令老师感动。

7. 礼品比较新颖的话，还有必要向对方说明具体用途、用法，好让对方对你送的礼物更加了解。

8. 送礼时，为了说明自己重视对方的态度，可以说，"这是我特意挑选的"，"相信你一定会喜欢它"。不要说什么"没有准备，临时买来的"、"没有什么好东西，凑合着用吧"之类的话，它会使你的礼物以及心意一下子变轻、变淡。

礼物是感情的载体，你选择的礼品必须与你的心意相符，并使受礼者觉得你的礼物非同寻常，倍感珍贵。实际上，最好的礼品应该是根据对方兴趣爱好选择的、富有意义、耐人寻味、品质不凡却不显山露水的礼品。因此，选择礼物时要考虑它的思想性、艺术性、趣味性、纪念性等多方面的因素，力求别出心裁，不落俗套。

很多时候老师留给我们的也许只是一束渴望的目光，一个鼓励的微笑，或者是课堂上一句亲切的话语，或者是台灯下批改作业的一个身影。他们的一句话往往会坚定我们为一项事业奋斗终生的信念，一次偶然的提示有可能点亮了我们对某一领域兴趣的火花。

让我们停下匆忙的步伐，泡杯清

茶，静静地独自呆上片刻，拨开尘封的记忆，回忆一下在自己生命里出现过的老师，以及他们曾经给过我们的感动。

下面推荐几种既充满尊师之情，又简单方便的祝贺方式，同学们不妨一试：

1. 给老师发一封庆祝教师节的电子邮件；

2. 给老师写一封表露自己感激之情的亲笔信；

3. 自己制作一个贺卡，送给老师；或到商店买一张贺卡，悄悄放在老师的办公桌上；

4. 早上见到老师时送上一声亲切的问候；

5. 给老师画一幅铅笔画，再加上一行深情的问候或写首抒情诗；

6. 当老师走进教室时，能看到黑板上写的祝教师节快乐的话；

7. 一份自己决心改正缺点追求上进的日程表；

8. 以全班同学的名义，在老师的讲台上放一束鲜花；

9. 帮老师把自行车的气打足或给老师买一包润喉糖，让老师保护好嗓子。

10. 休假时，可以赠送给老师有关展览会、讲座、文体活动的参观券、入场券等；

11. 得知老师将外出旅游或出差时，可以送一份当地的旅游图、车船时刻表，也可以是一盘轻松的磁带供旅游消遣；

12. 订一份老师喜爱看或者与其专业有关的报刊、杂志；一只精美的糖果盆；一样老师经常要用到的教具等。

当然，最后我们要知道，老师最希望的就是自己的学生取得好成绩，取得成功。如果你还是学生的话，那么好的学习表现就是对老师的最好的礼物；如果你已经工作，那么努力取得事业的成功，老师也会感到自豪。

孝敬父母的馈赠礼仪

双亲无微不至的照顾，用蛋糕、卡片、信等，连着善解人意、温柔的心一同奉上！

让双亲来个温泉旅行是一种不错的选择。旅行社所安排的各种行程都很便利，可以好好地加以利用。想想看是否有同学、朋友在旅行社上班呢？有的话不妨先找他商量，说不定他会提供最好的旅游计划。

一直都把你当作还没长大的孩子的双亲，突然看到女儿的这份孝举时，应该会大吃一惊。但是，更多的是喜悦的成分。

送上旅游票的同时，别忘了附上一封长信。虽然写信给自己的家人有点难为情，但是只要不是面对着他们，许多不太敢说的话都可借此表达出来。静静地坐在书桌前写信给爸妈，偶尔为之相当有意义。可以把平日感激之情坦然地表达出来，不必装腔作势、矫揉造作，老老实实地诉说心中的感觉最重要。

对于接受礼物的双亲来讲，肯定很高兴自己的孩子已经长大了。

如果你认为这个旅行的计划预算太大，而父母的身体不一定受得了，不妨到公司附近的蛋糕店，买一盒蛋糕也可以。再加上一条围巾送给妈妈，一顶遮阳帽给爸爸。只要能充分地表达你的心意，东西的多少及价钱的高低都不是问题。

还有，到超级市场去选购咖啡杯、茶碗……适合老年夫妻的陶制夫妻碗。维生素C、维生素E或健康食

品等，也是做子女的好礼品。当然，送这些东西时也要附上信及卡片，亲自写上："松柏常青，健康快乐！"

母亲一边看着信，或许早已情不自禁地热泪盈眶了。父亲说不定也会用几声咳嗽来掩饰心中的感情。当然，你也会稍微受到影响而感动。

跟自己最亲近的人，也是最重要的人，别忘了——礼物。

家族间的礼物，是温暖且幸福的。包装方面的材料要选择柔和感强的纸和缎带，表现出一副温柔的心！

想一想，你是否对家人表达过这样的感情呢？

答案若是否定的，在这里建议你不妨利用下班后的时间，到礼品店去为他们选购一些满怀着你情意的礼物，表达你善解人意的一面！

或许你和家人曾有过不愉快的争执，也可利用这个机会，表示你的歉意。让礼物再度拉拢你们之间的感情，作为另一座沟通的桥梁吧！

送给儿童礼物的礼仪

走过儿童期的青少年朋友，也许对自己曾玩过的某一件玩具记忆犹新；现在你长大了，你的叔叔阿姨的孩子也叫你哥哥姐姐了。当年是叔叔阿姨

爸爸：
是您让我
拥有了更广阔的天空
是您让我
看得更高、更远

给你送小礼物，现在也轮到你向他们的孩子表达情意了。也许你会认为，给孩子送礼物很容易啊，小女孩，就送她一个最新流行的芭比娃娃；小男孩，随便买个变形金刚就打发了。

然而，当接过礼物的时候，他们却没有那种手舞足蹈的惊喜，这表明你的礼物并不受他们欢迎。

所以，给孩子送小礼物也是有讲究的，下面的一些论述，有的还涉及父母给孩子买小礼品，也许都能给你一些启示。

给儿童送礼的原则

1. 送关心

冬天，你给他买的毛衣、手套等礼物，表明你对他身体健康的关怀；若你给他的礼物是一套知识图书，表示你对他的学习和成长很关注。不同的礼物将表明你对他某一方面的关心程度。

丽达·海曼是美国著名的小提琴演奏家，她的童年收到礼物时的情景如今仍历历在目："圣诞节的清晨，我一醒来，发现我的床边没有任何礼物，我的泪水一下漫了出来。然后赌气地冲出了门，我甚至没有跟趴在桌子上瞌睡的母亲打声招呼。傍晚我回到家里，看见我的书桌上放着一份精

美的礼物。那是一把小提琴。我惊喜万分，当时我正在练习小提琴，这正是我梦寐以求的礼物。其实，圣诞前几周，母亲一直忙于采购给我的礼物。她托人从遥远的瑞士买了这把小提琴，头天晚上熬夜包装，直到清晨才完工，还没来得及放到我床前，她已经疲惫不堪，趴在桌子上睡着了。母亲含着微笑对我说：'丽达，圣诞老人给你送礼的时候，你不在家。'我感动得泪流满面，一下扑进母亲的怀里，我知道，这个世界上没有圣诞老人，只有关心我的母亲。从此，我也学会了关心母亲，关心别人。"

2. 送兴趣

兴趣是最好的老师，根据孩子的兴趣送去礼物，将会受到欢迎。如果孩子向你要求一件特定的礼物，那肯定是他感兴趣的，你千万不能掉以轻心。

马克·哈金斯在圣诞节那天向妈妈索要一把小提琴。母亲以为这是孩子一时的兴致，没有予以理睬。马克还是缠着要，大人终于被说服。30年后的今天，谁能料到，当年的小马克成了美国匹兹堡交响乐团的副首席小提琴手。

雕刻家朱莉安娜小时候精力过人，但贪玩，玩什么东西都虎头蛇

尾。而其父亲赠送的一个小小划桨板却引起她极大的兴趣。她开始用这块板做玩具，专心致志。家人经常接到她自己用划桨板制作的锅把、坐垫和雕刻品。她的这种兴趣后来也带给她事业上的成功。

3. 送鼓励

儿童特别需要鼓励，鼓励在他成长过程中所起的作用无与伦比，你送的礼物就是给他的最好鼓励。

卡拉·费拉奇是意大利著名的芭蕾舞演员，但开始她对芭蕾舞并不感兴趣。玛各特夫人和威尔斯芭蕾舞团的到来，使卡拉第一次了解到什么是舞蹈。卡拉说："当时我是学生，还不到12岁。我仔细地观看这位美丽舞蹈家的表演。从那时起，我就开始猛练起来。"她当时没有在意演出后要求玛各特的亲手签名，而是本能地问："您要是有不用的舞蹈短裙，把它给我好吗？"果然，玛各特送给她一件舞蹈短裙。卡拉现在想起来还是那么激动。从那以后，两名演员多次合作，并且常常谈到那件短裙。卡拉还说："玛各特知道我经常谈到它，她是第一个鼓励我的人。"

4. 送启发

孩子在成长过程中会遇到很多困惑，他们需要弄清一些事物的构造和来龙去脉，给予启发是必要的，所以，送给孩子的礼物要考虑到启迪智慧的成分。说不定，你的礼物可能使他创造奇迹，走上一条成功之路。

作家格里·诺克斯8岁时，拿到一份礼物——一个不起眼的盒式照相机，于是他开始玩照相。他回忆道："我经常通过相机的取景器观察一切，我明白了景色与人物是怎么样相互关联、相互依存的，它打开了我的视野，这一点对我十分重要。我收到的不仅仅是个照相机，它使我获得了观察事物能力和创作的源泉。"

加利福尼亚一对夫妇，他们的两个孩子刚刚毕业。父母送给他们一份富有启发性的礼物：两张去欧洲大陆的火车票，并把他们送上了火车。多年后，两个孩子都事业有成。这位父亲事后回忆说，孩子们一路上有过很不寻常的经历，但是他们从中学到了应变能力和独立生活的能力，这对他们后来的成长不无益处。

5. 送知识

知识性的礼物能使孩子开阔视野，增长见闻，让他们从小对学习产生兴趣，对事物产生好奇心。

智力玩具、学习机、复读机、书籍以及知识的音像制品，都是送给孩子不错的礼物。

送儿童礼物的注意事项

送给孩子礼物有许多事项你必须留意到。例如安全性、性别区分明显的玩具、家庭价值观，乃至电池安装与否。为孩子们选购礼物的时候，应该注意以下一些问题：

1. 给孩子的礼物要因年龄加以选择

小到玩具、衣物，大到书籍、器具，都要因年龄选择。送给低年龄的婴幼儿时，要注意孩子能否利用，是否有污染、刺激性气味，是否有伤及儿童身体的可能等。

儿童在婴儿期时，可以选送乳品、婴儿衣物、婴儿床，以及有婴儿生肖和生日的纪念币。

随着身体与思维的发展，不同年龄段的儿童有不同的兴趣与需要。选择礼品也应随之变换。

对 1~3 岁的儿童可以送体积大、柔软的皮毛充气玩具，如洋娃娃、动物玩具等；再大一些可以送童车，声、光玩具等。

3~6 岁是儿童的创造力、想象力、模仿能力飞快提高时期。积木、图册、文具、木偶等不但可使他们安静下来，还可以启发他们的智力。

入学以后的儿童在大量接受知识的同时，已逐渐形成个人爱好，可以为其报名参加各种业余培训班，或者是赠送书籍、体育用品、简单的电子产品，等等。

大多数玩具的包装盒上会标示该礼物适合的年龄，或者不适合某个年龄阶段的孩子，这将会给你的选购带来方便。

2. 给孩子的礼物要因性别而加以选择

行为学家通常认为性及性别意识的认知，可追溯至孩提时代，那时父母总是鼓励他们的小女孩及小男孩玩不同的玩具及游戏。因此，需区分女孩与男孩对礼物的不同需求。

3. 选择的玩具或其他礼物尽量不要太复杂

例如避免购买拼装困难的玩具，或是需要很多电池才能启动的玩具。

4. 依照玩具上的指示

大多数的包装盒上会注明"适合 4~6 岁的孩童"、"附有小零件"，或"不适合 3 岁以下的儿童"等。如果仍有疑问，可以征询对方父母的意见。

5．考虑礼物的耐久性

有些礼物可能价值不大，但是当孩子长大后，这些礼物却能成为珍贵的回忆。许多人还保存着孩提时代所收到的礼物——一串秀气的珍珠项链，一只笨拙的泰迪熊，或是一双破旧不堪的棒球手套。

6．考虑到礼物的安全性

试想，当主人发觉你送的玩具竟然含有极高的化学成分，或是需要无数零件才能进行拼装，你想你的礼物还会受到他们的欢迎吗？

7．调查小朋友的嗜好或兴趣

即使是3岁的小孩，他也会在玩过家家、绘画或阅读的时候，热切地表示出心中的愿望。给孩子送礼物时要投其所好，不要按照成年人的意愿挑选礼物。如送一整套绘画用品给他，希望他成为画家，但孩子对这也许并不感兴趣。他们毕竟是孩子，不能奢望靠礼物去实现父母的愿望。

馈赠时的寄语

送给老师的寄语

我把第一缕春光和贺年卡一起寄给您；我亲爱的老师，愿春天永远与您同在！

加减乘除，算不尽您做出的奉献！诗词歌赋，颂不完对您的崇敬！您用知识甘露，浇开我们理想的花朵；您用心灵清泉，滋润我们情操的美果。在这不寻常的节日里，献上我深深的祝福！

阳光普照，园丁心坎春意暖；雨露滋润，桃李枝头蓓蕾红。——祝您教师节愉快。

您是园丁，为祖国山川添秀色；您如春雨，润育桃李，神州大地尽芳菲。在这喜庆的节日里，让我献上一支心灵的鲜花，向您表达衷心的祝愿。

我不是您最出色的学生，而您却是我最尊敬的老师。在您的节日里，我要把一份崇高的敬意献给您。

我们从幼苗长成大树，却永远是您的学生。在您花甲之年，祝您生命之树常青。

愿我这小溪的乐音，永远在您深邃的山谷中回响。

海水退潮的时候，把五彩的贝壳留在沙滩上。我们毕业的时候，把诚挚的祝愿献给老师。

您用火一般的情感温暖着每一个同学的心房，无数颗心被您牵引激荡，连您的背影也凝聚着滚烫的目光……

您不是演员，却吸引着我们饥渴的目光；您不是歌唱家，却让知识的清泉叮咚作响，唱出迷人的歌曲；您不是雕塑家，却塑造着一批批青年人的灵魂……老师啊，我怎能把您遗忘？

您的思想，您的话语，充溢着诗意，蕴含着哲理，又显得那么神奇——呵，在我的脑海里，它们曾激起过多少美妙的涟漪！

在我的心目中，您是最严厉的父亲，又是最慈祥的妈妈；您是无名英雄，又是教坛名师。

啊，老师——人类灵魂的工程师，唯有这光辉的名字，才有着像大海一样丰富、蓝天一样深湛的内涵！

老师，这个光彩夺目的名称，将像一颗灿烂的明星，永远高悬在我们的胸中，指引我们前进的方向。

即使我两鬓斑白，依然会由衷地呼唤您一声——老师！在这个神圣而崇高的字眼面前，我永远是一个需要启蒙的学生！

毫不吝惜地燃烧自己，发出全部的热，全部的光，全部的能量。老师，您像红烛，受人爱戴，令人敬仰！

有人说，师恩如山，因为高山巍巍，使人崇敬。我还要说，师恩似海，因为大海浩瀚，无法估量。

您在学生的心目中，是"真的种子，善的信使，美的旗帜"。

您是严冬里的炭火，是酷暑里的浓阴，是激流中的踏脚石，是雾海中的航标灯——老师啊，您言传身教，育人有方，甘为人梯，令人难忘！

春雨，染绿了世界，而自己却无声地消失在泥土之中。老师，您就是滋润我们心田的春雨，我们将永远感谢您。

老师，您是海洋，我是贝壳，是您给了我斑斓的色彩……我该怎样感谢您啊！

踏遍心田的每一角，踩透心灵的每一寸，都是对您的敬意。

有如从朔风凛冽的户外来到冬日雪夜的炉边；老师，您的关怀，如这炉炭的殷红，给我无限温暖。我怎能不感谢您？

您用心中全部的爱，染成了我青春的色彩；您用执著的信念，铸成了我性格的不屈……老师，我生命的火花里闪耀着一个您！

假如我能搏击蓝天，那是您给了我腾飞的翅膀；假如我是击浪的勇士，那是您给了我弄潮的力量；假如我是不灭的火炬，那是您给了我青春的光亮！

您谆谆的教诲，化作我脑中的智慧，胸中的热血，行为的规范……我感谢您，感谢您对我的精心培育。

因为您的一片爱心的灌浇，一番辛勤的耕耘，才会有桃李的绚丽，稻麦的金黄。愿我的谢意化成一束不凋的鲜花，给您的生活带来芬芳。

忘不了您和风细雨般的话语，荡涤了我心灵上的尘泥；忘不了您浩荡东风般的叮咛，鼓起我前进的勇气。老师，我终生感激您！

送给同学的寄语

寿星佬，我祝你所有的希望都能看见，所有的梦想都能实现，所有的等候都能出现，所有的付出都能兑现。

有句话一直没敢对你说，可是你生日的时候再不说就没机会了："你真的好讨厌——讨人喜欢，百看不厌！"

因为你的降临，这一天成了一个美丽的日子，从此世界便多了一抹诱人的色彩。祝你生日快乐！

日光给你镀上成熟，月华增添你的妩媚，生日来临之际，愿朋友的祝福汇成你快乐的源泉……

祝你：福如东海，寿比南山大石头。

岁月总是愈来愈短，生日总是愈来愈快，友情总是愈来愈浓，我的祝福也就愈来愈深。

友情，不是茶，愈冲，愈淡；友情，应是酒，愈陈，愈香！祝你在生日后的每一天里依然健康快乐！

四季的风吹动岁月的风铃，奏响为你生日祝愿的歌，愿你在自己的花季，永远充满活力。

生命的小舟驶过 16 载，从前它只是游荡在妈妈的湖中，而今要换乘青春的小船，插上憧憬的风帆，在朝阳的沐浴下，驶向波澜壮阔的大海。生日快乐！

16 岁的花，开满大地；16 岁的歌，委婉动听。每个人都有 16 岁，愿你在 16 岁的生日的清晨，迈开你的强健的步伐，走向未来！

当时钟的乐曲奏起时，当粉红的蜡烛点燃时，多少盈盈的笑语，多少依稀往事，都闪动在摇曳的烛光里。

花一般的年龄，梦一样的岁月，愿你好好地把握，好好地珍惜，给自己创造一个无悔的青春，给祖国添一份迷人的春色。友情已化成音符，在今天这个特殊的日子里为你奏响。

今天，是你走向成熟的第一步，祝你走得踏实，走得沉稳，走出一条开满鲜花的大道。

时针嘀嘀哒哒地走了一圈又一圈，终于走到了你来到人世的这一天，我衷心祝愿你那美丽动人的大眼睛里，永远流露出幸福与美满。

大自然的美术师在这一天为你涂上重重的色彩，在这365天中最温馨的一天带给你五颜六色的梦。

有阳光照耀的地方就有我默默的祝福，当月光洒向地球的时候就有我默默的祈祷，当流星划过的刹那我许了个愿：祝你平安健康，XX快乐！

送你一份100%纯情奶糖：成分＝真心＋思念＋快乐，有效期：一生，营养＝温馨＋幸福＋感动，制造商：真心朋友！祝你元旦快乐，万事如意！

祝福加祝福是很多个祝福，祝福减祝福是祝福的起点，祝福乘祝福是无限个祝福，祝福除祝福是唯一的祝福，祝福你平安幸福，XX快乐！

每年的这个时候，祝福就会像海洋涌向你，希望我的祝福像一叶轻舟，载你乘风破浪，到达成功的彼岸！元旦快乐！

我要把一切喜庆变成奶油，所有祝福揉成巧克力，永远快乐做成蛋糕……砸向你！然后说声XX快乐！

聚喜马拉雅山之阳光，拢天涯海角之清风，撷冈底斯山之祝福，吸比尔盖茨之财气，作为礼物送给你，祝你XX快乐！

今年元旦不送礼，发条短信送给你：健康快乐长伴你，幸福美满粘着你，还有我要提醒你——文曲星已盯上你！

清晨曙光初现，幸福在你身边；中午艳阳高照，微笑在你心间；傍晚日落西山，欢乐随你365天。XX快乐！新年吉祥！好运齐来！

第一缕阳光是我对你的深深祝福，夕阳收起的最后一抹嫣红是我对你衷心的问候，在XX来临之际，送上真挚的祝福：安康快乐！

元旦快乐！祝你在新的一年里：事业正当午，身体壮如虎，金钱不胜数，干活不辛苦，悠闲像松鼠，浪漫似乐谱，快乐非你莫属！

元旦到了，我托空气为邮差，把热腾腾的问候装订成包裹，印上真心为邮戳，37度恒温快递，收件人是你，真心祝你：新年好！

我最亲爱的朋友：元旦到了，在这新年里祝愿上帝保佑你！观音菩萨护住你！财神抱住你！爱神射住你！食神吻住你！

送给父母的寄语

天气变得真快，气温变得真坏，出门外套要带，睡觉被子要盖，多吃水果青菜，好好保持心态！老爸XX快乐！

也许我总令您操心，惹您生气，但在今天——在父亲节来临之际，让我对您说：父亲，其实我很爱您！祝福您父亲节快乐！

老爸，您不仅是家中的经济支柱，也是我们的精神支柱，您是最好

的父亲，祝XX快乐！

睁开眼睛时，希望你能看到我的祝福，祝你有个阳光般的心情；闭上眼睛前，要你收到我的问候，晚上做个好梦，祝XX快乐！

千里之外，每当我步履沉重时，我总能想起您目光的力量，它鼓舞着我前行。父亲，XX快乐！

父亲，您总是用最平淡最朴素方式去表达您的爱，但您的爱却足够我受用一辈子。祝您父亲节快乐！

如果，父亲是一棵沧桑的老树，那么，我愿是那会唱歌的百灵，日夜栖在父亲的枝头鸣叫，换回父亲的年轻，让父亲永远青翠。

掌心留存父亲的温暖，血管流淌父亲的激情，脸庞再现父亲的青春，眼神继承父亲的刚毅，XX节到了，祝爸爸身体健康，快乐相伴。

父爱，伟岸如青山；圣洁如冰雪；温暖如骄阳；宽广如江海！我在父亲的爱中成长，如今XX节来临，愿老爸健康快乐！

燃烧的岁月，已将父亲的青春焚尽，但那坚强的信念，仍在父亲额头闪光，父亲在我心目中永远高大伟

岸，父亲的爱护、关怀和勉励将伴我信步风雨人生。远在他乡的我只能送上简单的祝福："爸爸，节日快乐！"

捧着一颗心来，不带半根草去，父亲，您的无私付出，儿女们铭记在心，我们会孝顺您老的。祝您 XX 快乐！

永远都会记得，在我肩上的双手，风起的时候，有多么温暖；永远都会记得，伴我成长的背影，父亲的岁月换成了我无忧的快乐！祝福父亲，XX 快乐！

送父亲一件外套，前面是平安，后面是幸福，吉祥是领子，如意是袖子，快乐是扣子，让它伴父亲每一天，祝父亲 XX 快乐。

白云从不向天空承诺去留，却朝夕相伴；风景从不向眼睛说出永恒，却始终美丽；我没有常同你联系，却永远牵挂。

删除昨天的烦恼！确定今天的快乐！设置明天的幸福！储存永远的爱心！粘贴美丽的心情！复制醉人的风景！打印你迷人的笑容！祝 XX 好运！

其实天很蓝，阴云总要散，其实海不宽，此岸到彼岸，其实梦很浅，

万物皆自然，其实泪也甜，祝你心如愿，我的想法很简单，只要你快乐！祝 XX 开心！

一笑忧愁跑，二笑烦恼消，三笑心情好，四笑不变老，五笑兴致高，六笑幸福绕，七笑快乐到，八笑收入好，九笑步步高，十全十美乐逍遥，XX 快乐！

多一点快乐，少一点烦恼！不论钞票有多少，每天开心就好，累了就睡觉，醒了就微笑，生活的滋味，自己放调料，收到我的礼物笑一笑，祝老爸 XX 快乐。

装一袋阳光，两把海风，自制了几斤祝福；托人到美国买了些快乐，到法国买了两瓶浪漫，从心灵的深处切下几许关怀，作为礼物送给你，祝爸爸 XX 节快乐！

世间没有一种爱能超越您的爱，没有一种花能比您美丽，没有一种面容比您的慈祥，您还有一个世界上最最好听的名字：妈妈！

您是一棵大树，春天倚着您幻想，夏天倚着你繁茂，秋天倚着您成熟，冬天倚着您沉思。亲爱的妈妈，感谢给予我的一切，祝福您幸福快乐！

走遍千山万水，看过潮起潮落，历经风吹雨打，尝尽酸甜苦辣，始终觉得您的怀抱最温暖！不论我走多远，心中永远眷恋。祝妈妈母亲节快乐！

你善意的叮嘱，我不懂珍惜，一旦你不在我身边，我才晓得你对我的可贵。妈妈，希望你大人不记小人过，平安快乐每一天。

今天是母亲节。但，并不是只有在母亲节这天才要"特别"去关心您，365天里，每一天都是母亲节。希望您能天天快乐，日日幸福！

看着母亲日渐增多的白发，看着母亲日益深刻的皱纹，看着母亲渐渐弯曲的身躯，孩子心中有无尽的感激，但都汇成一句：妈妈！我爱您！

第一眼见到你，我就命中注定黏上您，虽然您打我骂我不理我，但我知道世界上您最疼我爱我关心我！没别的意思，就想说：妈妈，母亲节快乐！

不管走到何方，心中那份爱却总在心中荡漾；不管心在何处，爱的那份守望却总在梦里回到母亲的身旁；爱，因为母亲更加纯洁；母亲，因为爱更加伟大！

儿行千里之外，母爱也在千里之外陪我走过人生的苦与乐；儿走千里之外，儿把心交付与明月或是温暖的太阳，希望带给母亲一份平安的祝福！

我的成长是刻在你额头上的横杠；我的放纵是刻在你眉心的竖杠；我的欢乐是刻在你眼角的鱼尾；我的成功是刻在你唇边的酒窝，妈妈您辛苦了！

母爱原来是一种酒，饮了就化作思念。妈妈我永远惦记您！轻轻一声问安，将我心中的祝福化作阳光般的温暖，永恒地留在您心中。

得意的时候，母亲不一定能在我的身边和我一起分享成功的喜悦。但她的苦口婆心的教诲总能让我不再迷失自己。失意的时候，母亲一定能在我的身边。她的鼓励与安慰，总能让我在逆境中找到自我。祝您健康快乐！

我是一个因生活而不得不漂泊四方的游子，我不能在家给养我育我的母亲一份孝敬，但我却可以带着母亲传给我的那份善良行走四方！

五月的康乃馨，没有牡丹的雍容，没有百合的浓香，只是默默散发着沁人心脾的清香，就像母亲的爱。

转发这带着馨香的短信，积攒送予母亲最真的祝福。

想送您康乃馨，您总说太浪费；想请您吃大餐，您说外面没家里吃得香；想送您礼物，您总说家里什么都有。但有个礼物我一定要送——妈妈，我永远爱你！

摘几片云朵、剪几缕霞光，用想念做针、用思恋做线，织一绚丽夺目的霓裳，装扮出倾国倾城的您——我心中最美丽的妈妈！

不管岁月如何变幻，我依然笑对风云；不管人生如何冷暖，我依然走过坎坷；不管事业是否成功，我依然拥有信心——那是因为母亲给了我不可战胜的信念与勇气。

妈妈，您的爱，就像块糖，包在唠叨里，藏在责骂里，让我东寻西找，直到我懂事，才找到。祝您母亲节快乐！

打我、骂我、指使我，这天都由您了。我保证打不还手，骂仅还一口——亲您一口。老妈，您辛苦了！母亲节快乐！

伟大的是妈妈平凡的是我，感祥的是妈妈调皮的是我，交手机费的是妈妈发短信的是我。哈哈，妈妈真好！

山，没有母亲的爱高；海，没有母亲的爱深；天，没有母亲的爱广阔；地，没有母亲的爱包容；太阳，没有母亲的爱温暖；让我们共祝母亲健康快乐！

时光荏苒，我们在妈妈温馨的抚爱中长大成人，妈妈总是把一缕缕温暖及时输送给我们，让我们在纷杂的尘世中永存那份做人的品性，不失那份人之初的纯真。在这个特别的日子里，我想对妈妈您说声：妈妈节日快乐！愿妈妈在今后的日子里更加健康快乐！

亲爱的妈妈：您曾用您坚实的臂弯为我撑起一片蓝天；而今，我也要用我日益丰满的羽翼为您遮挡风雨。妈妈，我永远爱您！祝您节日快乐！

她不是云彩，因为她不会随风而散；她不是浪花，因为她不会随波逐流。她是爱——母亲的爱，愿妈妈笑口常开！

妈：感谢您让咱们一家人吃得丰盛、穿得体面、乐得开怀，让我代表一家人向您说：母亲节快乐！

你的爱，我永远报答不了；你对我多年以来的默默支持，是我积极向上的精神支柱。妈妈，我爱你。

您常说，子女的幸福快乐就是最好的礼物，今天我把所有的幸福和快乐用短信包裹送给您，祝身体健康，笑口常开！

亲爱的妈妈，岁月已将您的青春燃烧，但您的关怀和勉励将伴我信步风雨人生。用我的心抚平你额上的皱纹，用我的情感染黑您头上的白发。祝您母亲节快乐！

馈赠的误区与禁忌

数字禁忌

礼品的数量，是送礼人必须注意的。数字在不同的国家、民族中具有不同的象征意义。中国有句谚语："好事成双"，送礼都要成双成对，送双忌单。如礼金必须是偶数，"红包"、"喜钱"或"定钱"、"定礼"，都要是双数或整数，忌单数。一些讲究的人家还会把礼物名称巧妙地补单成双，如"一头猪"要写成"全猪成头"，"一盘菜"要写成"喜菜成盘"等诸如此类的话。而在丧事礼品中，则要送单忌双，否则，会引起丧家不悦。

生活是一种美的创造，礼尚往来又是其中少不了的"作料"，送礼中数字的玄妙很多，懂得了这些玄妙，你就会明白为什么要送这个数而不送那个数了。

"6" —— "六六"顺

日常生活中，几个喝酒的呦五喝六的，"六六"顺不绝于耳，为什么呢？

"6"取汉字"禄"，因为"6"与"禄"同音，吉祥之意跃然而出。中国人送礼，讲究"六六大顺"。

我国许多民族在婴儿出世时，乡里乡亲，挚友亲朋免不了祝贺一番，送个礼物，凑个热闹，这其中有些礼物就含有吉祥的意思。云南的白族得到"报喜"之后，娘家人要送鸡蛋，白的也好红的也罢，准是60只，或者160只，要么就是260只。不管600只鸡蛋也好，6只鸡蛋也罢，独独这"6"是少不了的，多少看个人贫富而定，否则被看作不吉利。

人们送礼送6是有道头的。除了生孩子送鸡蛋外，白族人还兴送小帽子、小衣裳、小披篷、小裹被、小裤子、小袜子6样。其中裤子、衣裳等常用品可各送6套，糖食、糯米、面等也以6计，或6斤，或16斤。

"3"——神圣之数

"3"是一个非常幸运的数字，在习俗迥异的东西方，"3"几乎被所有的民族"尊重"，被视为尊贵、吉祥、神圣的象征。"3"为何受此殊荣呢？

古希腊的毕达哥拉斯将"3"视为完美的数字，说"3"代表了"开始，中期和终了"，说它具有神性。在希腊罗马神话中——被视为西方文化的基石中，以"3"象征神性更是比比皆是。

西方人认为世界由三位神灵统治：主神朱庇特，手持三叉闪电；海神尼普顿，使用三叉戟；冥神普路托，牵着条三头狗。而命运女神、复仇女神也各有三位。

"3"影响了西方文化，所以在西方，送礼以"3"为多。

"8"——八、八，发、发

全国许多城市都争相拍卖带"8"号码的电话号码和车牌号码，场面火爆。大家一看都明白了，"8"是"发"呀！

做买卖的，拿着手机，就非脸红脖子粗地漫天答价，购带"8"字的电话号码，买豪车的，也一定得上个带"8"的车牌，似乎这样才会财源滚滚，一路上发、发、发。

你瞧，人就是这么怪，其实只是一种迷信或者说是虚荣心在作怪。发不发，就看他脑子转得怎样，会不会在硝烟弥漫的商场上游刃罢了，"8"……"发"，也只不过是自己为自己炮制的一个美丽的肥皂泡，可你还得为这个肥皂泡做些修饰，又有谁愿意将这个肥皂泡弄破，让自己与他人都尴尬呢？

"9"——天数

中国古代把个数（个位数）的单数叫阳数。"9"又是个位数最高之数，实乃阳数之巅，所以"9"被称为"天数"。由此"9"就象征着极高（如九霄云外）、极广极大（囊括九州，包含八方）、极深（深达九泉之下），不难看出，"9"就象征着事物的极限。所以"9"在古代中国被认定为吉祥之数。

"9"与汉字中的"久"谐音，真是备受青睐。皇宫宫门上每排9个黄铜的吉祥钉；故宫"三大殿"高度都是九丈九尺；正阳门（即前门）正楼也是九丈九尺；颐和园排云殿亦是九丈九尺高。

封建帝王们为追求自己"万岁"和王朝的永久，对"9"的偏爱也不足为奇了。

长长久久，国人送礼都爱"9"这个数。

情人节，你可以送你的恋人9支蜡烛，每支上面刻一首隽永的小诗，当你的恋人点燃它们的时候，那点点盈盈的火花，静静地在他（她）的眸中跳跃，他（她）便会沉浸在昔日依依的情怀里，就在这点点烛光中，你们的爱会悄然升华，又会进入一个层次，不真正"天长地久"了吗！

总之，送"9"给挚友亲朋，准错不了。

不祥之数——"4"

美国一家高尔夫球商特别推出四只装的高尔夫球产品，以期在日本大展雄风，谁料到竟无人问津。商人经过一番调查得知：原来美国高尔夫球原本习惯每盒装三个、六个或者十二个。问题就出在了这个"4"上。

"4"在发音中与"死"发音相近，在中国的邻邦朝鲜、日本，人们习惯将"4"视为预示厄运的数字，谈"4"色变之势不亚于西方人见"13"色变。在中国，"4"也不受欢迎。

你日常送礼，特别是看病人时，离"4"可得远点，省得让人不高兴。

"7"——奇异之数

"7"在《圣经》中是个很有力的数字：约书亚带七位祭司绕郁利哥城而行，绕到七次时吹响第七个号角，城墙顿时坍塌；

圣母玛利亚有七件欢乐之事，有七件悲哀的事；祷文也分七个部分……

"7"是个很奇怪的数字：1至10个数字中，只有"7"不是其他数的倍数，也非除数，正七边形是个不能用尺子和圆规画好的正多边形，因此"7"被视为神秘的数字。

西方人送礼绝不送"7"，因为他们会觉得你送给他们的是所谓七种会遭天罚的罪过：傲慢、暴怒、忌妒、色欲、暴欲、贪婪、怠惰。"7"看想充当礼物的角色。

中国人恐怕会将"7"谐做"凄"（凄凉）、"欺"（欺诈、欺骗），反正也说不清为什么忌讳这个字，大概归咎于"7"太神秘，更让人敬畏吧。

犹大的代号——"13"

在欧美，13 是个不受欢迎的角色。在他们看来，"13"是不吉利的，宴会不可 13 人一桌，不能上 13 道菜，门牌、街道、楼层都不用"13"这个数字，更有甚者，考生拒绝坐 13 号座位，海员厌恶 13 日起航，一般人到 13 号便情绪不安。

"13"之所以不受欢迎，源出自《圣经》：耶稣与门徒共进晚餐，耶稣严正地说："你们中有人出卖了我。"有人表情愕然，有人面呈怒色，有人不解迷惑，只有犹大面孔死灰，手拿钱袋……那天共进晚餐的共有 13 人。这就是《圣经》中有名的一段：最后的晚餐。

这恐怕就是西方人所谓的"数字 13 恐惧症"吧！这样的日子，就不适于前去送礼了。

不光西方人对"13"敬而远之，亚洲的巴基斯坦、阿富汗、新加坡，非洲的加纳、埃及等国，也有相同或类似的说法，可见"13"大大的不受欢迎。

"1"——孤单的数字

你要是到印度的话，就会发现印度人忌讳"1"字。

"1"乃数字之始，万事开头难，你送人家"1"不是祈祷困难时时与人家过不去吗？所以人们避开这个数字，或用其他数字取代之。这种忌讳下至平民、上至达官显贵，无不如此。

中国人都说好事成双，"1"单薄，上下不靠也不大吉利。所以，送礼避开"1"字。

"10"——失

人们对"10"也不感兴趣。

"10"与"失"谐音，大凡受礼，多为得到康复、脱险等，谁又愿意"10（失）而复得"，"得而又失"呢？

中国有句古话叫"满则溢"，"10"代表圆满，所以中国人祝寿时常采取以下做法：60 大寿 59 做，70 大寿 69 做，以示吉利。

不同的国度、民族，由于历史、宗教等因素，形成了对数字特殊的习俗和禁忌。不懂其规矩，不仅会闹出笑话，有可能还会引起对方误解。

包装禁忌

同礼品种类一样，在礼品包装上也有不少值得注意的忌讳。在欧美、日本等国，非常讲究礼品包装，各大商店有专门的包装柜台，根据客户要求为其服务。日本人选礼很重视包装，礼品往往要放在特制的礼品盒内，外面包上几层精美的包装纸，再系上一条好看的缎带或纸绳。日本人认为包装上纸绳结扎之处附有人的灵魂，标志着送礼人的诚意。他们通常在喜庆送礼时结剪刀状红白纸绳，它预示吉庆之路越来越广；丧事结钳状黑白纸绳，以希望凶丧不再降临。日本人在送礼时，还总在包装纸上写上"粗品"两字，以示客气。商店也备有印着"粗品"字样的包装纸，供人们送礼用。

我国送礼品时，也常在包装上赋予一定的含义。如中原一带在庆贺婴儿降生时，有男家向女方娘家送"喜礼"进行报喜的习俗，喜礼由男家派人抬或挑到女方娘家，但装喜礼的容器绝不能用竹篮，俗话说，"竹篮子打水一场空"，因而要避免使用。汉族在送礼时，往往喜欢用万年青或太平钱等作附加物包在礼品上，以讨口彩、图吉利。由此可见，礼品包装同礼品种类一样，也表示一种象征意义。

除了礼品包装形式外，还要注意包装上的图案。送给委内瑞拉人的礼品包装，不能带有孔雀图案。他们认为孔雀会带来灾祸，所以一见到孔雀，就会感到不安。由此类推，凡是与孔雀有关的东西，如孔雀羽毛，也被当地人视为不祥之物。日本人讨厌装饰着狐狸和獾图案的礼品包装，因为在他们的观念中，狐狸是贪婪的象征，獾则意味着狡诈。在法国，核桃被视为不祥之物，给法国人送礼要避免用核桃图案作礼品包装。英国人则忌讳用人像作礼品包装图案。

语言禁忌

在送礼的语言上，东西方也有着很大差别。通常，东方人送礼时，在语言上表现得很谦恭，如中国人以前常说的送礼语言有："区区薄礼，不成敬意，望笑纳"；现在则常说"一点小意思，请别见外"等诸如类似的话。总之，客人较忌讳在主人面前夸奖自己的礼品，尤其不能说出礼品的真正价格。但西方人对此无所谓，他们不仅可以当着主人面夸奖自己的礼品，甚至在礼品中附上商店的发票，以便主人觉得礼品不合适时去调换或者出故障时便于送去维修。

各国送礼的禁忌

渊源的历史长河造就了各国不同

的文化。由于文化的差异，也就派生出了许多文化、习俗、宗教以及社会的不同。在久远的历史演变下，各国形成了特有的文化现象。

由于掺杂着文化的、宗教的以及社会的影响，那么送礼也演变成了一种比较复杂的礼仪行为。

现在许多学校有外国学生和老师，了解一下不同国家、民族的礼仪习俗，知道其中的禁忌，这对我们与他们的交往，特别是进行馈赠时显然是有帮助的。

下面，我们不妨领略一下一些国家的馈赠禁忌，以飨读者，以便您了解。

日本人自视为"礼仪"之邦，故而他们有送礼的癖好！

日本人喜欢送名牌货。他们常常采取这样的做法：即送人以对其本人毫无用途的物品，那么收礼人可以再转送给别人，不至于压在手中，造成浪费。别人收到转赠物品仍可以再次转送他人，但这个物品必须是名牌，这样，便于别人转送他人。

日本人讲究送礼时要在包装纸上写上"粗品"二字以示客气，像我国所说的"薄礼"一样。商店里也备有印着"粗品"二字字样的包装纸，供送礼人选用。主人设宴款待客人时也常说："舍下简陋"、"粗茶"、

"粗饭"等等。乍看用语中"粗"字居多，其实说的都是些"细"话，反映出日本人素有的那种办事细心周到的本性。

日本人认为接受礼物时就应当立即还礼。如无礼可还，哪怕是一张纸呢，也得放在送礼的容器中，以表达自己想还礼的心情。

当然也有例外：日本人认为生孩子后七天才能还礼，办丧事时送礼在五七（35 天）或七七（49 天）之后，再还礼。

另外，他们对装饰着狐和獾的图案的物品也大为反感。他们认为狐狸是贪婪的象征，而獾则代表着狡诈。

去日本人家做客，携带的菊花只有 15 片花瓣，因为只有皇室帽徽上才有 16 瓣的菊花。

韩国人对初次见面来访的客人常常会送一些当地出产的手工艺品以示友好。

切记，要先让他们拿出礼物来，然后你再回赠他们本国产的产品，否则，韩国人会生气的哟。就是说要将送礼的主动权送给对方，免得对方尴尬。韩国人对"4"比较敏感。

美国人比较随便。一块儿在城镇里共度夜晚，送一瓶好的威士忌，或葡萄酒，也可以是烈性酒，一件高雅的名牌礼物是比较适合的。

在商务洽谈的开始阶段切忌送礼，以免美国人感到不适应，对谈判不利，可以等到洽谈结束时再送。

美国人送礼讲究朴素，即使对外交往中送的礼物也别有心意而且让人意外：一个美国大学生艺术团访华与北京大学生艺术团交流，我们送给他们的是精美的彩绢扇，而他们回赠的则是挺普通的印着"You Are Number 1 With us"字样的钥匙串和一支在我们看来极普通的木制直尺。

美国人习惯圣诞节或生日赠送礼物。千万别在 13 号，或与 13 有关的日子送礼，他们会不高兴的。

在英国这个自诩绅士化的国度，有个漂亮的外表决定一切。应该避免感情的外露。

应送较为轻一些的礼物给英国人，否则他们觉得你可能有贿赂他们的嫌疑。

合理的送礼时机应定在用完晚饭后或一起到剧场看戏之后。英国人尤其喜欢高级的巧克力，添宝 15 年威士忌一类的名酒和永宜的鲜花。

英国人对于装饰有客人所属公司标记的礼品，他们大多数不会喜欢。

和法国人第一次相识送礼是不恰当的。再次相逢时，为了表达对他人智慧、才能的赞美，可表示亲近，但不可太显亲密。

如果你应邀去法国人家用餐时，应捎去几支鲜花——但绝对不能是加以捆扎的鲜花。

记住：千万不可以送菊花给他们，因为菊花是葬礼上才用的花。

法国人浪漫之极。给他们送礼物你要费一番脑筋，要送一件意外的礼物给他们，他们是会很高兴的。

黑色和紫色是拉丁美洲忌讳的颜色，因为会使人联想到四旬斋（也叫大斋节，封斋期一般是从圣灰星期三到复活节的四十天，基督徒视之为禁食和为复活节作准备而忏悔的季节）。

刀和剑是万万不能归于礼品之类的，刀剑一向被他们视为对方要与自己终结友谊——"一刀两断"。

手帕也不可以送人，因为手帕与眼泪总是联系在一起，哭总是不顺或是悲伤，故手帕不宜为礼。

德国人认为"礼貌是至关重要的"。

给德国人送礼您可要小心了，他们对礼物的适当与否非常在意，包装要力求尽善尽美。德国人是很挑剔的！

德国人不习惯将玫瑰送人，他们认为玫瑰是情人间的专利，万勿送给主顾。德国人如应邀出去郊游，主人应在出发前做好细致而周密的安排，不然你的德国朋友又要抱怨了。

两人初次见面，大有相见恨晚之感，互赠礼物属于常情，但阿拉伯人不吃这一套，他们认为你是在行贿。

阿拉伯人忌讳将用旧的物品充当赠品送予他人，他们认为这是对他们莫大的污辱。

阿拉伯世界禁酒，将酒作为礼物不但是不明智的选择而且你可能会吃苦头的。

他们喜欢你送他们办公室里可以用得上的物品。

你不能盯着他们的一件东西看，主人会认为你很喜欢，说什么也会让你拿走。盯住看别人的东西是不礼貌的。

阿拉伯商人喜欢你送给他们贵重的礼物。他们的回赠也会很昂贵的，但他们比较注重公开场合中的形象。

与日本人不同，阿拉伯人认为礼尚往来是关系到尊严的问题，不让他们表现自己的慷慨是对他们的不尊敬，有可能危及你们彼此的关系哩。

阿拉伯人也爱"名牌"，喜欢比较有新意的礼物，对于价值连城的古玩，他们不是特别感冒，他们对知识性、艺术性的礼物也比较青睐，最好是二者兼备，就更让他们喜笑颜开了，对于一般实用性的东西，他们则不大喜欢。

烈性酒和印有动物图案的礼品他们是忌讳的，他们认为这些礼物包上有动物图案的礼品纸其蕴意会带来不幸。

您千万不能给他们的妻子送礼物。这样做是对他们妻子的侵犯，他们同时也会认为你侵犯了他们的隐私。送些可爱的礼物给他们的孩子，他们则认为你"够哥们儿"。

伊朗这个国家严禁偶像崇拜。譬如，佛像一类形状的东西都不可以膜拜，所以形似人类的东西，被禁止在家中当作装饰品。

他们认为放在家里天天看，日子一长便会形成"偶像崇拜"，那么对佛便会不恭敬了。

在伊朗您千万不能用洋娃娃作礼物，他们会觉得你瞧不起他们的宗教，这让他们很恼火的。

总之，在交往过程中，人们总是要互赠礼物的。在各种场合中，仪式是最重要的，实质性的内容则显得是次要的。

初次见面就送礼在我国是正常的，但在国外就不大合适了。除非对方有意当场回赠礼物。就是说您要将送礼的主动权让给对方，以免让对方"两手空空"的，多尴尬呀。

一大群人在场，您要送礼物给一个人是不礼貌的。要么不送，要么大伙都送，只给一个人送礼物是不礼貌的举动。最好的做法是等到您只跟受礼人单独在一起时再送是比较适宜的。

送礼时您需要注意以下几点：

首先，礼物不能太贵重。

太贵重的礼物让人不安，还有"重礼之下，必有所求"之嫌。所以，一般送些纪念品、鲜花，给主人的孩子们准备些小玩具，这样就比较合适，自自然然，也能博得对方的欢心。

其次，中国人常讲的"区区小礼，不成敬意，拿不出手"等等这样的话要避免。因为他们的习惯和我们不一样，他们会觉得很不中听，既然不好怎么送给我，不是"涮"我吗？

再有，礼物要有好的包装。

您应该注意包装的精美。千万别用报纸等不雅观的东西包，否则会给人一种敷衍感，以为你送礼的心不诚。

如果所购商品有价格的标签，送礼之前要处理掉，别让对方产生厌恶感。

还有，送礼时要落落大方。

不可偷偷摸摸的把礼物放在犄角旮旯里，进门要么放在显眼处，要么递给主人，要么在分别时交给对方。

最后，要注意接礼物时的分寸、礼貌。

收到礼物时不要觉得不好意思，说些"受之有愧"等让别人不快的话。不如大大方方地收下，过分的推辞或礼貌性太强的推辞，极易让对方难堪。收到礼物时，外国人喜欢马上打开，否则让对方觉得你没有谢意，对礼物毫无兴趣，所以收到礼物时，要尽快打开。

送礼人不妨帮助主人打开礼物，介绍一下礼品，这一点您也许会忽略掉。在这里，我们提醒您要千万记得。

古今中外送礼故事

君子之交淡若水

"君子之交淡若水"语出《庄子》，故事说的是薛仁贵与王茂生两家关系甚密，薛仁贵尚未得志之前，家境清贫，王茂生夫妇经常接济，后来，薛仁贵凭借赫赫战功发达了，被封为"平辽王"。前来王府送礼祝贺的文武大臣络绎不绝，可都被他婉言谢绝了。

这天，普通老百姓王茂生挑着两口坛子来到薛府门前。薛仁贵听说是恩人王茂生，赶紧亲自迎了出来。王茂生说："小民家贫没有贵重礼物送给王爷，只有两坛家酿糙酒送给王爷，还望王爷笑纳。"

薛仁贵说："大哥能来，我就很

高兴，还带什么东西！既然是你家酿美酒，我也不客气，收下了，欲与大哥开怀痛饮，叙叙旧。"

说着命令厨房准备菜肴，待菜肴端上桌子后，他命人开坛倒酒。

负责启封的执事官打开酒坛后，耸耸鼻子，一点香味也没有，仔细一看才发现：根本不是什么酒，而是两坛清水！

执事官赶紧向薛仁贵禀报："启禀王爷，此人胆大包天，拿两坛清水戏弄王爷，请王爷重重责罚！"

薛仁贵听了，哈哈一笑，说："早在我的预料之中，如果他送的真是美酒，我还不收呢！"

说着命令执事官取来大碗，当众饮下三大碗王茂生送来的清水。在场的人不解其意，薛仁贵解释说："在我人生不如意时，王茂生当我是朋友，如今我美酒不沾，厚礼不收，却偏偏要收下王兄弟送来的清水，因为我知道王兄弟清贫，送清水也是王兄的一番美意，这就叫君子之交淡如水！"

古人倡廉拒贿故事

严正家室

春秋鲁宰相公仪休，有天回家，见放有别人赠送的织帛，勃然大怒，立即把妻子休了。

东汉大司徒王良，平时不准妻子儿女出入官室，夫人穿的是土裙，吃的是粗粮，还下田干活。

宋包拯晚年订了一条家训："后世子孙仕宦有犯赃者，不得放归本家，死不得葬大墓中。不从吾志，非吾子孙。"请人刻石，竖于堂屋东壁，以昭后世。

明吏部尚书王恕，为官清正廉洁，告老还乡，自己掏钱雇用车马。每晚歇宿，必先催家小去官店或民舍住宿。沿途有故吏门生谒见送礼，一概直言拒绝，说："老夫以廉为宝，一切馈赠不受。"

畏以四知

东汉杨震，由荆州刺史升任东莱太守而路过昌邑时，昌邑县令王密，原系杨震荐为茂才，为感谢杨震的提拔，便在夜里去驿馆拜访并献上黄金百两。杨震很不高兴地说："故人知君，君者不知故人，何也？"王密厚着脸皮说："暮夜无知者。"杨震正色道："天知、神知、我知、子知，何谓无知？"王密只好面红耳赤地把黄金拿了回去。

明朝的贾郁为仙游县令时，当地乡绅给他送来新鲜水果并说："这是我家的鲜果，别人都不知道。"贾郁就问："君家有兄弟子女否？"乡绅答道："有兄弟和子女。"贾郁严正道："古人都畏四知，今天的事你知，我知，你兄弟和子女知，送果者知，是比古人的四知还要多得多，怎能说别人不知呢？"乡绅无话可答，只得把水果带回去。

冷言相讥

春秋时期，有宋国人拿一块宝玉献给齐大夫子罕，子罕不收。献玉人说："这玉请有名的玉匠仔细看过，确认是宝，才敢拿来献给您的。"子罕却说："我以不贪为宝，你以玉为宝。要是你把玉给了我，那你我都丧失了宝，倒不如咱们都保有自己的宝好。"

宋朝时，有位地方官吏以为宰相

王安石善于诗文，自然喜爱"文房四宝"，为投其所好，特地送去一方砚石，并当面夸耀道："此砚呵之可得水！"王安石一口拒绝，并讥笑道："纵呵得一担水，又能值几何？"

防微杜渐

唐朝的陆贽官居宰相，对各地所送的礼物，一概拒收。昏庸的皇帝反责怪陆贽："你廉洁得太过分了：各道的馈赠，你一概拒绝，这样恐怕于情理上不通。像鞭、靴一类东西，受也无妨。"陆贽上书皇帝申论了防微杜渐的道理：第一，一般官吏受贿，都要严格禁止，何况"居风化之首"的宰相呢。第二，受贿之例一开，必然由小及大，"鞭靴不已，必及衣裘；衣裘不已，必及金璧"，此风一开，难以收拾。第三，受贿必然徇私，"已与交私，何能中绝其意"。此后，下面再也不敢向他送礼了。

悬物示廉

东汉南阳太守羊续，把别人送来的鱼挂在外檐下，这就是流传千百年的"悬鱼"故事。

唐泾州刺史段秀实，任司农卿时，再三嘱咐家人不得收受他人的礼物，有个叫朱泚的给他送来粗绫三百匹，家人再三辞谢不成，只得收下。

段秀实知道后，怒斥道："我终究不能让他人之物玷污我的府第。"下令家人把这些粗绫全部悬于公堂上。

明朝的周新任按察使时，有人给他送来烤得鲜嫩的鹅肉。周新把它悬于室后，此后凡有送礼者，周新就领他去室后仰观悬鹅，以后再无人敢给他送礼物了。

题诗拒金

明永乐年间，吴纳巡按贵州，在他离黔返京途中，贵州三司派人追他到夔州，送给他黄金百两。吴纳不受，只挥毫在盒子上题诗一首："萧萧行李向东还，要过前程最险滩；若有赃物并土产，任教沉在碧波间。"

明朝的李汰到福建主持考试时，有人给他送去黄金以打通关节。李汰当场答诗一首："义利源头识颇真，黄金难换腐儒贫；莫言暮夜无知者，怕塞乾坤有鬼神。"

送黄金者无地自容，只得溜走。

悬文拒贿

明朝的陈幼学任浙江湖洲知府时，在厅堂上挂了一条幅，上书："受一文枉法钱，幽有鬼神明有禁；行半点亏心事，远在儿孙近在身"。

故人称陈幼学为"清白知府"。

清朝的武承谟到无锡上任之日，

就在官府的照壁上悬挂一副楹联："罔违道，罔违民，真正公平，心斯无怍；不容情，不受贿，招摇撞骗，法所必严"。

楹联一挂出，那些平日里出入县庭的缙绅，都十分畏惧。

清朝有个督抚叫张伯行，对送礼行贿的丑行也写了一篇"禁止馈送檄"曰："一丝一粒，我之名节；一厘一毫，民之膏脂。宽一分民受赐不止一分，取一文我为人不值一文。谁云交际之常，廉耻实伤。倘非不义之财，此物何来？"

据说此檄一出，所属之地贿风大减。

周总理赠送樱叶

1972 年秋，中日邦交正常化。田中角荣访华时，赠送给中国 1000 棵名贵的大山樱。这些樱树后来分别种在北京的天坛、紫竹院、陶然亭几个公园里。1973 年 4 月，正值樱花盛开季节，中日友好协会会长廖承志率团出访日本。

临行前，周总理让摘几片樱叶送给田中首相。到日本后，廖公把它们交给田中首相，并说："这是从首相为庆祝中日恢复邦交而赠给中国人民的大山樱上摘下来的，现在大山樱长势很好，感谢首相的好意，并请留作纪念。"

田中首相接过后，叮嘱身边工作人员一定要妥善保存，也感谢中国人民的情谊。

周总理送新婚礼物

1961 年春天，22 岁的松崎作为日本乒乓球选手、上届世界乒乓球锦标赛女子单打冠军，第一次来北京，参加第二十六届世界乒乓球锦标赛。在团体赛中，她 8 次出阵，8 次取胜，为日本女队夺得团体冠军立下了汗马功劳。单打开始，她又连闯五关。可是，当进入第六轮时，却发生了出乎人们预料之外的事，她败给了另一名乒坛骁将——匈牙利的削球手高基安。世界冠军被淘汰，观众深为惋惜，松崎也清楚地知道这意味着什么。在几万双眼睛注视下，作为失败者，她脸上却没有丝毫懊恼、沮丧之情，而是带着微笑前去向对方祝贺。

全场观众对此报以热烈的掌声。这一情景，被当时正在外地视察的周总理从电视上看到了。松崎所表现的胜不骄、败不馁的风格，正是周总理一贯提倡的体育新风尚。锦标赛结束后，在欢送宴会上，周总理让松崎坐在自己身边的椅子上，当着各国运动员的面，特别称赞了松崎的体育风格，要中国运动员好好向她学习。

1964年10月，她作为日本女队教练来北京参加国际乒乓球邀请赛。有一天，忽然接到通知，说是周总理和夫人邓颖超请她和一些朋友到家里去做客。这个喜出望外的礼遇使她激动不已。同去的还有荻村、孙梅英、傅其芳等。那天晚餐时，她仍然幸福地坐在总理的旁边。

她后来回忆说："周总理给我们每个人都夹了许多菜，又举起酒杯叫我们多喝一点，说这是他家乡的绍兴酒。可是，没有吃什么，我就觉得很饱了，因为我太激动了。

"席间，总理夫妇和大家亲切地交谈着，使我们感到像在家里一样。当他们听说我这次回去以后就要结婚时，便高兴地拿出一块丝绸送给我。这块丝绸是粉红色的底，绣着一朵朵白花，既雅致，又漂亮。他们看到我很喜欢，笑着说：'做成衣服，在结婚时穿吧！'我接过这珍贵的礼物，激动得不知该用什么语言来表达自己的心情。

"我带着这块美丽的丝绸，也带着周总理夫妇的深情厚谊回到了日本。结婚之前，我将它珍藏在父母家

里；结婚时，我把它带到了自己的家里。不过，我没有舍得做成衣服，因为那样要用剪刀剪开……"

邓颖超的三件礼物

在南京梅园新村纪念馆展出的"邓颖超纪念展"，有3件珍贵文物特别引人注目。

一件是邓颖超长征时用过的蚊帐，虽已发黄，但保存得较好。过草地时，她身患疟疾，这顶蚊帐伴着她的担架走过了艰难漫长的路途。1957年，她把这顶一直珍藏着的蚊帐送给了上高中的侄孙周国镇。后来，周国镇将它捐赠给梅园纪念馆。

另一件是1951年邓颖超去柏林参加国际妇女联谊会理事会时，蔡畅赠给她的一双皮靴。一向勤俭的邓大姐对这双皮靴十分爱惜，20多年后，这双皮靴除了靴底磨损了一些外，鞋面毛色、光泽都如同新的一般。邓大姐后来将这双珍贵的皮靴赠给了她的秘书陈楚平。后来，陈的儿子将它捐给了纪念馆。

第三件是在国共谈判时，宋美龄赠给邓颖超的羊羔皮衣，邓大姐辗转陕北，一直将它穿在身上。直到1949年建国初期，周总理陪同毛主席出访

苏联，行前，她注意到周总理警卫秘书陈元功穿得单薄，便将这件羊羔皮衣送给了他。回国后，陈元功一直珍藏着舍不得穿，后来便把它捐献给梅园，以纪念邓大姐的90诞辰。

互赠"和平"月季

1973年，一位美国友人欣斯德尔的夫人和女儿，带着她丈夫生前对中国人民的友好深情来中国访问，特地给周总理赠送了一株月季花。欣斯德尔先生是1944年的美军飞行员，抗日战争时期他在中国执行任务时受了伤，我游击区的人民救了他，并把他护送到延安，受到毛泽东、朱德和周恩来等同志的接见，在延安一直住到抗战胜利才返回美国。这次他夫人受他生前委托带来的这株月季新品种，是一份凝结着中美人民文化交流心血的珍贵礼物。这种月季在英、美国家享有"月季皇后"的美誉，它在蓓蕾初放时花朵呈现淡淡的柠檬黄色，而到盛开时花色逐渐变深，花瓣边缘出现粉红色的红晕，绚丽之中显娇艳，高雅华丽，令人神迷。

它是一种杂交的茶香月季。提起这个杂交新品种培育的历史还有一段坎坷经历。它的祖先原产于中国，

200年前是地地道道的中国血统。当时的欧洲月季品种，只能在仲夏季节开花，花期短，抗病力弱，色香均不如中国月季。1789年四棵中国月季作为友谊的使者，从孟加拉湾漂洋过海，运往欧洲。据说当时英法两国正在交战，为了确保中国良种月季能安全地途经英国传入法国，双方商定由英国派海军将中国月季护送过英吉利海峡抵达法国。二次世界大战中法国人弗兰西斯梅朗几经周折磨难，对这种珍贵月季良种进行多次繁育杂交，终于在1939年培育出杂交"茶香月季"。为了保护这一科研成果不受战争破坏，他把这个新品种远渡重洋寄到美国，经美国园艺学家培耶之手在全美各花圃中继续繁育。1945年4月，"美国太平洋月季协会"将这一新品种正式命名为"和平"。在"和平"月季命名的这一天，恰逢联军攻克柏林，是希特勒灭亡之日；而当"和平"月季荣获"全美月季协会"金奖时，又正巧是日本帝国主义无条件投降之日。这几个天缘良机与杂交"茶香月季"的命名、获奖与授奖是这样的巧合，这就确确实实使它与人民祈盼的和平，结下了不解之缘，是名副其实的"和平"月季。

1973年欣斯德尔夫人千里迢迢带来的这种"和平"月季，作为和

平友好使者，亲自交给周总理，又回到了它的血缘祖先故土。它既象征着中美人民的深厚情谊，又是十分珍贵的高雅礼物，因而倍受邓颖超同志的重视，她亲自把这株月季栽在院子里。经过5年精心培育，于1978年5月19日，当邓颖超同志与其他中央领导同志一起接见美国访华团时，她又特地摘下这凝结着中美人民友谊的月季花送给美国朋友。她说："这花象征着我们的友谊，开始是淡淡的，到后来就会逐渐加深了。"

无用却是最好的礼

有一年，一位在哈佛大学任教的医生到台湾南部极偏远的小城去行医，他医好了一个穷苦的山地人，没有向他收一文钱。

那山地人回家，砍了一捆柴，走了三天的路，回到城里，把那一捆柴放在医生脚下，可笑他不知道现代的生活里，几乎已经没有"烧柴"这个需要了，他的礼物和他的辛苦成了白费。

但事实却不然，在爱里没有什么是徒劳的。那位医生后来向人复述这故事时总是说："在我的行医生涯中，从来没有收过这样贵重、昂价的礼物。"

一捆柴，只是一捆荒山中枯去的老枝，但由于感谢的至诚，使它成为记忆中不朽的财富。

麝牛"换回"熊猫

大熊猫是我国的国宝，有"活化石"之称，为各国人民喜爱。在生态环境恶化、仅存数量骤减的今天，显得尤为珍贵。

大熊猫作为礼物赠送到国外，始于公元685年，中国皇帝武则天赠送给日本天皇两只。建国后，先后有23只大熊猫作为珍贵礼品赠送给9个国家。

1972年，尼克松总统访问中国时，送给中国人民两头麝牛，作为回赠，中国送给美国人民两只稀有的大熊猫——兴兴和玲玲。

玫瑰月季互相贺寿

著名作家冰心酷爱玫瑰花，她在家庭院落内种植着不同品种各种风姿的玫瑰花，异彩纷呈，花团锦簇。一年四季花开不败，至交好友往来就以艳丽的玫瑰花相送。老作家巴金85岁寿辰时，冰心老人特意托专人送去一盆盛开的玫瑰花，并亲自书写上：

"当你看到这株玫瑰花时，如同看到我过去的微笑。"以表达半个世纪以来她与巴金的真挚友情。而到1989年秋冰心老人90岁高龄时，她的挚友巴金也派人送来一个绚丽多彩的花篮，祝福她健康长寿。花篮中绿茵茵的叶丛中插着90朵嫣红的月季花，正在吐苞盛开，象征着90岁高寿的冰心老人像繁花似锦的月季花那样生命常青。冰心老人收到这份厚礼非常高兴地说："这份礼物珍贵极了。"

毛泽东回赠红辣椒

1942年6月，斯大林曾派飞机送医务人员到延安，并给毛泽东带来一封信和皮大衣10件、长筒皮靴10双、毛毯10条，另外还有几双矮腰皮鞋和几箱纸烟。

毛泽东向不远万里而来的苏联同志询问了斯大林的健康状况，对他们来到中国表示了热烈欢迎。

在送走苏联客人后，毛泽东只留下一箱烟和一双矮腰皮鞋，其余的东西都分给其他同志了。

第二天飞机就要回去了，回送些什么礼物呢？毛泽东给斯大林写了封回信，让人缝了个小布袋，装上些他亲手播种、培育、收获的红辣椒。

毛泽东微笑着说："延安这里，没有什么特别的东西，我就给斯大林同志送这点礼品，表示我的谢意吧"。

这一小袋红辣椒和给斯大林的信便由机组的同志带回了苏联，并且转交到了苏联最高统帅斯大林手中。

毛泽东的四件礼物

1952年，著名国画大师齐白石和其他一些著名画家，联手创作了一幅闻名遐迩的国画《普天同庆》，并把它赠送给毛泽东。这幅画是一种礼节性的献赠，表达了齐白石等画家对新中国的美好祝愿和对共和国缔造者的崇敬之情，不带有任何私交成份。但随着毛泽东和齐白石交往的深入，他们之间的友情不断加深，彼此间常互赠石印、字画等礼品，这些礼品便带有浓重的个人感情色彩。

一次，齐白石老人90大寿，毛主席特意送上四件物品作寿礼：一坛湖南特产茶油溶菌，一对湖南王开文笔铺特制长锋纯羊毫书画笔，一株东北野参和一对鹿茸。不难看出，这份寿礼是毛主席精心准备的，它体现了一位领袖对一位艺术老人体贴入微的关怀；同时礼品中也包含着毛泽东与齐白石这对湖南老乡之间浓浓的私人情谊。齐白石老人收到这份寿礼后，激动之情溢于言表，挥毫书写了毛泽东《沁园春·雪》一词。弥留之际，齐白石留下遗言，将自己珍藏的字画、作品和用过的东西，献给毛泽东。

系在脖子上的好礼

英国女王伊丽莎白访问日本时，有一项访问 NHK 广播电台的安排。当时 NHK 派出的接待人，是该公司的常务董事野村中夫。野村接到这个重大任务后，便收集有关女王的一切资料，加以仔细研究，以便在初次见面时能引起女王的注意而给女王留下深刻的印象。

他绞尽脑汁，也没有想到好主意，偶然间，他发现女王的爱犬是一种毛狗，于是灵感随之而来。他跑到服装店特制了一条绣有女王爱犬图样的领带。在迎接女王那天，他打上了这条领带。果然，女王一眼便注意到了这条领带，微笑着走过来和他握手。

野村送出的礼物是无形的，因为礼物还系在他脖子上，"礼轻"得非同寻常，却使女王体会到了他的用心，感受到了他的情义，因此可谓是

地道的"礼轻情义重"了。

投桃报李情深意厚

塞西尔·比顿爵士是英国的摄影师和设计师，他送给维多利亚和阿尔伯特博物馆馆长罗伊·斯特朗爵士的钢笔画，记载着两人之间的深厚感情。

画中描绘了比顿热爱的维特夏避暑胜地红房子。这是比顿在 1974 年中风之后，用左手学素描、学油画、学写字、学摄影时所画的。

而罗伊则一直崇拜着比顿，将他看成自己的师长。罗伊刚刚 31 岁时，被指定为伦敦的国家肖像美术馆负责人。他上任后的第一个举动，就是为比顿举办了一个摄影作品回顾展，这是比顿第一个全国规模的摄影展，比顿成了全国的知名人物。

比顿十分感动，他将罗伊也称作自己的老师。不久，他慷慨地把自己漂亮的花园和暖房里的花都赠送给了他的老师罗伊。罗伊追忆此事说："我们的房子，到处都有塞西尔的天竺葵，塞西尔的迷迭香。"

他用天竺葵和迷迭香这两种花，表达着对老师的仰慕和尊敬。